财会面试实用指南
规划、策略与真题

宋明月 王立群 袁小勇 编著

机械工业出版社

本书为第一次进入财务职场的新手提供面试指南，为有一定的工作经验、希望跳槽或转岗的财务人员提供进阶指引，为企业招聘人员或部门负责人编写财会面试问题提供范本。

全书共七章，首先讲解财务人员的职业规划，接着分析用人单位的真实需求，并按照从出纳到财务经理层级常见财务岗位的技能要求，重点分析面试中容易被忽略的知识。书中提供了大量面试真题及参考答案，有的答案可直接用于实务工作。

图书在版编目（CIP）数据

财会面试实用指南：规划、策略与真题 / 宋明月，王立群，袁小勇编著. —北京：机械工业出版社，2023.11
ISBN 978-7-111-74137-4

Ⅰ.①财⋯ Ⅱ.①宋⋯ ②王⋯ ③袁⋯ Ⅲ.①会计人员—招聘—考试—中国—自学参考资料 Ⅳ.① F230

中国国家版本馆 CIP 数据核字（2023）第 204056 号

机械工业出版社（北京市百万庄大街22号　邮政编码100037）
策划编辑：石美华　　　　　　　　　责任编辑：石美华　赵晓峰
责任校对：牟丽英　薄萌钰　韩雪清　责任印制：李　昂
河北宝昌佳彩印刷有限公司印刷
2024年1月第1版第1次印刷
170mm×230mm・11.5印张・1插页・136千字
标准书号：ISBN 978-7-111-74137-4
定价：69.00元

电话服务　　　　　　　　　网络服务
客服电话：010-88361066　　机　工　官　网：www.cmpbook.com
　　　　　010-88379833　　机　工　官　博：weibo.com/cmp1952
　　　　　010-68326294　　金　书　网：www.golden-book.com
封底无防伪标均为盗版　　机工教育服务网：www.cmpedu.com

前言

人的一生，也许会经历各种场景的面试。找工作要面试，而且很少有人面试一次就能成功，往往是过五关斩六将，最后才能拿到心仪公司的录用意向书。此外，研究生入学要面试，商务谈判也要面试……

在这些面试场景中，有一个奇怪的现象：当面试者十分在意一个机会时，往往表现得不够好。这是什么原因呢？我们总结了以下三点：

第一，太想得到。因为太想得到，害怕失去机会，也就会过于在意对方的一举一动，害怕自己一不小心，惹对方不高兴。面试官一个无心的小动作，面试者也许就会过度解读为"我说错话了，我做错什么了"。把大部分注意力放在对方身上，说话、做事难免会出现疏漏。

第二，不够自信。因为对身高、相貌、学历、经历或专业知识等不够自信，对想好的答案底气不足，所以面试时犹豫。说，怕错；不说，担心对方认为自己根本就不会。这样在纠结中就把时间和机会浪费掉了。

第三，缺少临场应变能力。对方刚好问到了没有提前准备的问题，而临场应变能力不足，大概率要心慌了，结果就可能不太理想。

要解决上述问题，就需要读者朋友知己知彼，方方面面都做好准备。要学习—实践—总结—学习，可以向平级、上级和下级学习，可以向亲戚、朋友学习，也可以在书本中学习，从学习中来，到实践中去。

本书的三位作者来自三个不同领域。宋明月和王立群在实务界，袁小勇是学院派，都曾经是应聘候选人，也都曾经担任过面试官，经历过入学、工作、商务谈判等各种场景的面试，现在把对面试的理解、经验总结出来分享给大家。书中的面试问题数量有限，不能涵盖面试场景中的所有问题，但是可以给读者提供指引，帮助读者提升自信心和临场应变能力，少走弯路，提高招聘、应聘双方的成功率。

本书共7章。

第1章由王立群撰写，主要讲职业规划，可看作财务职业生涯的导航图，指出经过不懈努力，可以达到哪个高度，或者说要达到某个高度，需要付出哪些努力。

第2、4、5、6章由宋明月撰写。第2章分析用人单位的真实需求。第4～6章，分析从出纳到财务经理层级，常见财务岗位的技能要求、面试真题及参考答案，有的答案可直接用于实务工作。

第3、7章由袁小勇创作，重点分析面试中容易被忽略的一般知识与综合能力测试，设定了常见的测试问题，进行解析，并给出了答案供参考。其中第7章是部分应聘者提供的经验分享。感谢首都经济贸易大学刘雨桐、张蕾、彭涵宇、刘丹提供了部分资料的收集与整理。

本书适合有一定的工作经验，想要在职位上更进一步的职业财务人员阅读，也适合准备走向职场的在校生阅读，还可供为了设计财会面试问题而费尽心思的招聘人员、财务管理人员参考。

由于作者水平有限，书中错误、疏漏之处在所难免，欢迎指正。对本书中的原创内容，转载时请注明出处。版权所有，侵权必究。

祝广大读者朋友事业顺利，步步高升！

宋明月　王立群　袁小勇
2023 年 10 月 31 日

前　言

第1章　知彼知己：财务人员如何确定自己的职业方向　　1

1.1　财务人员常见的就业方向　　1
1.2　小企业与大企业的财务职业前景对比　　4
1.3　了解自己，选择方向　　7
本章总结　　8

第2章　财会招聘和面谈：应聘者如何与用人单位同频　　9

2.1　了解真实的需求吗　　9
2.1.1　用人部门的需求　　10
2.1.2　应聘者的需求　　12
2.2　经验、证书、资源和悟性　　14
2.2.1　经验　　15
2.2.2　证书　　16
2.2.3　资源　　17

2.2.4 悟性 … 18

2.3 招聘广告：向财会人员传达了什么信息 … 18

本章总结 … 20

第3章 财会面试的一般知识 … 21

3.1 认真准备个人简历 … 21

 3.1.1 基本信息 … 22

 3.1.2 自我评价 … 22

 3.1.3 工作/项目经历 … 23

 3.1.4 教育经历 … 24

 3.1.5 其他事项 … 24

3.2 保持良好的心态 … 25

 3.2.1 保持积极向上的精神面貌 … 25

 3.2.2 预先准备，稳定心态 … 26

3.3 沉着冷静地回答问题 … 27

 3.3.1 精确识别面试官提问的目的 … 27

 3.3.2 掌握面试应答的一般技巧 … 28

3.4 给面试官留下良好的第一印象 … 31

 3.4.1 第一印象的重要性 … 31

 3.4.2 怎样给面试官留下良好的第一印象 … 32

3.5 财会群面的策略和技巧 … 35

 3.5.1 什么是群面 … 35

 3.5.2 小组讨论的策略与面试技巧 … 36

 3.5.3 辩论的策略与面试技巧 … 39

3.6 常见的面试题 43

3-1：请自我介绍一下 43

3-2：你有什么业余爱好 44

3-3：你最崇拜谁 45

3-4：你的座右铭是什么 46

3-5：你为什么选择我们公司 47

3-6：你有什么职业规划 47

3-7：你如何看待失败与成功 48

3-8：请说说你在过去的工作中经历过哪些成功与失败 49

3-9：请说说你做过的最自豪的一件事是什么 50

3-10：你觉得自己最大的缺点是什么 50

3-11：你最受打击的事情是什么 51

3-12：你期望的薪酬是多少 53

3-13：谈谈你对所应聘岗位的工作性质、职责和要求的理解 54

3-14：你为什么应聘该岗位？应聘该岗位你有哪些优势与劣势 54

3-15：所应聘岗位目前存在哪些应该改进的地方 54

3-16：如果应聘岗位成功，你有何打算 54

3-17：对于这个岗位，你有哪些可预见的困难 55

3-18：如果你被公司录用，你将怎样开展工作 56

3-19：你作为应届毕业生，缺乏经验，如何能胜任这项工作 56

3-20：你怎么看待加班 57

3-21：可以跟我介绍一下你的家庭情况吗 57

3-22：你还有什么问题需要问我吗　　　　　　　　　　　　58

　　　3-23：案例分享——D先生对两位应聘者面试前后的评价
　　　　　　对比　　　　　　　　　　　　　　　　　　　　　　59

　本章总结　　　　　　　　　　　　　　　　　　　　　　　　　62

第4章　一般财会岗位面试实战：详情与真题　　　　　　　　63

　4.1　出纳：专业技能和人品哪个更重要　　　　　　　　　　　65

　　　4.1.1　专业技能和人品　　　　　　　　　　　　　　　　65

　　　4.1.2　出纳红线　　　　　　　　　　　　　　　　　　　67

　　　4.1.3　出纳岗位的常见面试题　　　　　　　　　　　　　70

　　　4-1：作为出纳，你认为哪些事情是不能做的　　　　　　　70

　　　4-2：这里有10份单据，请帮我录入系统　　　　　　　　　71

　4.2　成本会计：创造什么价值　　　　　　　　　　　　　　　71

　　　4.2.1　基本要求　　　　　　　　　　　　　　　　　　　71

　　　4.2.2　成本会计岗位的常见面试题　　　　　　　　　　　72

　　　4-3：请介绍一下自己　　　　　　　　　　　　　　　　　72

　　　4-4：你是怎么开展成本核算工作的　　　　　　　　　　　73

　　　4-5：任选一段能体现你成本核算业绩的经历，介绍一下你
　　　　　对公司在成本核算方面的改善，说明整改前的状态、
　　　　　你的行动计划，以及整改后的结果　　　　　　　　　74

　　　4-6：你平时喜欢待在办公室，还是车间或仓库现场　　　　76

　　　4-7：工作中遇到问题，需要车间、仓库协助才能解决，如
　　　　　果他们不配合，你该怎么办　　　　　　　　　　　　76

　　　4-8：工作中遇到自己不喜欢的人，但是必须要跟他合作才
　　　　　能完成任务，你会怎么处理　　　　　　　　　　　　77

4.3 费用会计：原则性与灵活性 　　77
4.3.1 基本要求 　　77
4.3.2 费用会计岗位的常见面试题 　　78
4-9：请介绍一下自己 　　78

4-10：有个职位比你高的同事过来报销，他的单据明显不符合公司制度规定，比如发票不合格、住宿费超标等，你会怎么处理？如果这个同事是你的直接上司呢 　　80

4-11：按照制度规定，某个同事的报销单据必须经他的上司书面签字，上司在外地出差，而这位同事却急等着钱用，你会怎么处理 　　80

4-12：接着上一个问题，上司出差回来了，报销单据上的审批如何补签 　　81

4-13：在费用控制方面，你有没有要分享的经验 　　81

4.4 税务会计：依法纳税，合理避税 　　82
4.4.1 基本要求 　　82
4.4.2 税务会计岗位的常见面试题 　　83
4-14：请介绍一下自己 　　83

4-15：请介绍一下你在税务工作方面的业绩，请说明整改前的状态、你的行动计划，以及整改后的结果 　　83

4-16：你是怎么看待税务筹划的 　　84

4.5 其他会计岗：专业技能与职业道德 　　85
4.5.1 基本要求 　　85
4.5.2 其他会计岗位的常见面试题 　　86

4-17：我们公司有一项固定资产已经清理了，也收回了清理货款，但是只有银行交易流水，没有其他单据，你准备怎么将原始凭证补充完整　　86

4-18：固定资产清理如何处理　　86

4-19：研发支出是如何处理的　　86

4-20：存货的资产减值损失如何进行账务处理　　87

4-21：因汇率大幅度波动，期末应付国外供应商的货款，外币金额已经清零，人民币仍然结存有很大的余额，而这批原材料还在仓库没有耗用，怎么处理会更合适　　87

4-22：成本与费用有什么区别和联系　　88

4-23：固定资产的融资租赁与经营租赁有什么不同　　88

4-24：开具发票时，需要哪些书面资料　　88

4-25：你怎么跟销售代表解释收入的确认时点　　89

4-26：制造业中常见的成本核算方法有哪些　　89

4-27：公司采购的原材料单位成本合计为40元，加工后成品的销售单价是100元，生产计划员认为公司每卖出一件产品就赚了60元，对此你做何解释　　89

4-28：产品的销售单价是150元，公司给销售人员的目标成本是100元，销售人员说产品的销售毛利率是50%，你怎么看　　90

4-29：老板说应收账款减去应付账款等于利润，你怎么看　　90

4-30：现在有100多个工程项目在建设中，而且金额都比较大。你觉得怎么做才能把账目统计得非常准确　　91

4-31：成本费用类科目，为什么要设置二级明细科目　　92

4.5.3　通用问题　　92

4-32：平时都有哪些解压方式 92

本章总结 93

第5章 财务主管岗位面试实战：详情与真题 95

5.1 专业能力：基础工作质量的保证 96

5.1.1 财务数据中可能存在的问题及应对方法 96

5.1.2 便捷性与安全性 99

5.2 管理能力：把控工作进度 101

5.3 常见的面试题 102

5-1：请介绍一下自己 102

5-2：未来五年内，你想达成什么目标 102

5-3：你能为公司创造什么价值 102

5-4：收入确认的原则是什么 103

5-5：研发费用如何设置会计科目，如何反映在财务报表上 104

5-6：在工作中如何编制现金流量表 104

5-7：有一家税前利润为500万元的公司，出具财务报表后发现有一项管理用固定资产漏计提折旧，会计与税法的列支标准是一样的，税款当年结清，其他数据不变。补充计提固定资产折旧的动作，对三大财务报表各产生什么影响 105

5-8：本月，集团公司把母公司和8家子公司所有的三大财务报表数据合计后发现，资产负债表与利润表钩稽关系对不上，上个月的钩稽关系还是正确的，每个单体报表在合计前，钩稽关系都是正确的，为了把错误找出来，你会怎么做 107

5-9：财务报表出具后，你在分析费用明细时发现，"管理费用"科目下有个"快递费"明细科目，这个科目之前一直没有数据，本月才开始有数据，你会怎么做　　108

5-10：用财务软件进行往来核算时，有人倾向于将往来单位名称作为二级科目的名称，有人倾向于设置往来辅助核算，这两种方法各有什么优缺点　　109

5-11：用财务软件设立会计档案时，往来单位和个人档案很容易重复，你有什么办法来规避这个问题　　109

5-12：某公司一直用财务软件自动出具财务报表，某个月发现资产负债表左边的资产总额与右边的负债和所有者权益总额不相等，这种情况以前从来没有出现过，你会采用哪些方法找到不平衡的原因　　110

5-13：公司结账出具财务报表后发现，资产负债表与利润表的钩稽关系不对，你准备从哪些方面入手查找原因　　111

5-14：税务利润与会计利润的差异有哪些？请举例说明　　112

5-15：当前研发费用的加计扣除政策是什么　　113

5-16：高新技术企业有什么税收优惠　　113

5-17：集团公司旗下有一家超市，计划在中秋和国庆双节期间搞活动，策划了两个方案。方案一，满100元打8折；方案二，满100元送现金券20元。已知该超市是一般纳税人，增值税税率为13%，你认为哪个方案更合适，为什么　　113

5-18：所得税汇算清缴，常见的调整事项有哪些　　114

5-19：会计和出纳岗位为什么要分离　　114

5-20：公司的采购业务，申请和批准由同一个人负责，可能会有什么问题   115

5-21：资产负债表和利润表的上交绝对不能延迟，在距离截止日仅有1天时，上级给了你一大袋子某个子公司上个月的银行对账单和原始单据，按照工作量估算至少需要3天时间才能完成，怎么处理才能不仅不会延迟出具财务报表，而且报表数据与实际情况相符   115

5-22：在出财务报表的关键期，团队某个重要岗位的财务人员向你请假，理由是家里老人生病住院，需要有人照看，你会怎么处理   116

5-23：你通常采用什么方法来提升部门人员的专业技能   116

5-24：部门有个同事，近期经常以家里有事为由连续向你请假，至于什么事情他却不愿意告知，你会怎么做   117

5-25：你重点培养的一名会计，突然提出离职，理由是找到了更好的工作，你会怎么处理   117

5-26：你辛苦一个月做出来的工作成果，却被上级全盘否定，你会怎么做   118

5-27：你的工作成绩被公司管理层表扬，但是直接上级说这是他做的，你会怎么做   118

5-28：公司有个同事非常难以相处，但是你有一项任务，必须要通过他的协助才能完成，你会怎么做   120

5-29：你在工作中与别人产生过冲突吗？最后怎么解决的   120

5-30：你认为下级、上级和平级的同事会怎么评价你   120

本章总结   121

第 6 章　财务经理岗位面试实战：详情与真题　　123

6.1　专业能力：发现问题、解决问题　　124
6.1.1　发现问题　　124
6.1.2　解决问题　　125

6.2　团队协作：1+1>2　　127
6.3　沟通协调：桥梁和翻译　　128
6.4　常见的面试问题　　129

6-1：你认为全面预算成功实施的先决条件是什么　　129

6-2：母子公司财务报表的合并数与合计数，有什么区别和联系吗　　130

6-3：集团公司的财务报表为什么要合并　　130

6-4：跨年度合并财务报表时，有哪些年初项目需要调整，为什么　　131

6-5：工厂的考核指标，常见的有哪些　　131

6-6：常见的融资方式有哪些　　132

6-7：银行贷款，常见的抵押物有哪些　　132

6-8：有没有经历过尽职调查，你们是怎么应对的　　133

6-9：内部控制的关键点是什么　　134

6-10：通过查阅公司的账面记录，你发现销售部经常在 ERP 系统扣减应收账款，而你并没有在凭证附件上查到任何审批记录。咨询销售部同事，他们反馈是根据会议记录或者老板的口头指示减账的。他们这么做有什么不妥吗？你会怎么改进呢　　135

6-11：公司在制定会计政策和选用会计估计时，需要怎么做才能顺利通过外部审计 　　135

6-12：税务筹划的方法有哪些 　　136

6-13：你怎么看待税务筹划 　　136

6-14：一家小型公司，在什么情况下，在缴税方面成为小规模纳税人比一般纳税人更合适 　　136

6-15：我们是一家工程机械出租公司，租赁设备增值税税率为13%，客户都是一般纳税人，要求开增值税专用发票，一直以来税负都很重，在合法合规的前提下，你有更好的办法降低税负吗 　　137

6-16：我们有一台价值4 000万元的设备，关键部件老化了，状况频出，计划今年进行升级改造。经过询价，需要购买的零部件共计1 800万元，还要更换一台配套设备，400万元，改造之后，这台设备可以继续使用5年。由于改造投入了大额的资金，有没有办法让我们今年可以少交所得税，以缓解资金压力 　　138

6-17："空降"到一个公司，你准备如何开展工作 　　139

6-18："空降"到一个公司，部门有部分成员不听你的，怎么处理 　　140

6-19："空降"到一个公司，财务部门出现大批量的人员离职，你怎么处理 　　140

6-20：如何提升部门人员的专业技能 　　141

6-21：有一家非常赚钱的公司，却要宣告破产了，可能的原因是什么 　　141

6-22：ABC 公司属于制造业，该公司 2020 年 12 月 31 编制
的财务报表简表见表 6-1，请分别从资金和盈利两个
方面，分析该公司可能存在的问题，并说出判断依据 … 142

6-23：ABC 公司属于制造业，该公司近 5 年的财务报告简
表见表 6-2，给你 5 分钟时间，请说说你对这个简表
的看法 … 145

6-24：你的直接上级（也就是财务总监）脾气不太好，
安排工作时总是简单一句话，只要多问一句马上就
会骂人。当前公司正处在股改期，时间紧、任务重，
整个财务部的同事压力非常大，财务总监的压力更
大。前期为了应对内控审计，集中全公司的力量出
具了一套看上去很规范的制度体系，但是可执行性
太差，财务总监要求你在一个月内出具制度手册，
你会怎么做 … 147

6-25：上级布置的任务，你认为有明显的漏洞，按照他的
意思执行肯定达不到预期目标，如果不执行就违背
了上级的指示，你会怎么做 … 148

6-26：下属把一个自认为很完美的策划案主动汇报给你，
你认为漏洞很多，按照他的策划案执行会有大问题，
你会怎么做 … 148

6-27：业务部门有一张不合规的单据，费用会计已经做退
单处理，但是经办人绕过财务部门直接找总经理签
字批准，现在他把单据拿到财务部门申请款项，你
怎么处理 … 149

6-28：你们部门拟定的制度，经过向全公司中层以上征求意见、培训考试与试运行后，开始正式执行。这时公司联合创始人之一，同时也是二股东的副董事长，说制度存在问题，要马上修改，你会怎么应对 149

本章总结 150

第7章　财会面试者应聘实例分享 151

7.1　一位会计专硕的秋招感受 151

7.2　两次失败的实习面试心得 152

7.3　两次成功应聘的经验分享 154

7.4　三次成功应聘的面试感受 158

本章总结 163

CHAPTER 1
第1章

知彼知己：

财务人员如何确定自己的职业方向

1.1 财务人员常见的就业方向

1. 方向一：企业

由于财会工作本身极具专业性和稳定性，因此备受众人青睐。尤其是在近几年全球大环境越发特殊的背景下，求职者越发期待拥有一份收入相对稳定，且有一定社会地位的工作，具有这种特性的财会工作自然容易成为优选的职业之一。一旦选定，又首先考虑做一名大型企业的财会人员。

受近年特殊的经济大环境的影响，市场竞争更加激烈，大型企业对人才的要求也水涨船高，即便入门级的财会岗位也得是会计、审计硕士学位，或是985、211等名牌大学会计本科学历；若想再晋级中、高级财会岗位，还得具备中级会计师及以上职称或取得注册会计师证书、不少于5年的大中型企业财务管理经验等资历，要具备良好的教育背景，甚至要英语流利、有较强的沟通能力和协调能力，并能够熟练运用Word、Excel等办公软件，且拥有较强的财务业务能力和管理能力。若是外企则还要熟悉西方会计的相关知识，深谙相关的中国法律以及必要的海外法规。

对于那些没有考入985、211等名牌大学的毕业生来说，进入外企或大型企业的机会不多，可以先进民企历练。通过提升学历、考证，给自己加分，同时在工作中尽量多地掌握实用技能，积累自己的软实力，待具备相应实力后就有了更多的选择，可以陪同公司一起成长，也可以换个平台以谋求发展。

2. 方向二：行政事业单位

行政事业单位会计一般来说是服务于国内各级机关及各类事业单位的，具体工作任务是提高整体社会效益。作为体制内的财务从业人员虽然具有更接近权力核心的机会，但业务较为单一，专业性强，又比较封闭，工作履历相对不太丰富，不易转换赛道。想要快速升职，则要学会"跳出财务看财务"，努力学习，触类旁通地提升自己的格局和视野，既要有过硬的财务专业技能，又得具备统筹处理公职事务和人际关系的能力，以期谋求发展。在行政事业单位财会部门工作的会计和审计人员属于国家公务人员，对专业资质要求可能会低一点，但收入相对来说也会略低。

3. 方向三：会计师事务所

会计师事务所因为其自身的工作特质，需要大量吸收专业财会人员。在某种意义上，会计师事务所是一个能使财会从业者快速成长的学校。相比企业和行政事业单位的财务工作，事务所的财务工作要复杂得多，能够使财务人员对会计准则的理解更加深刻、精准。不仅如此，由于有接触到更多主流行业的机会，在会计师事务所工作过的财务人员对盈利模式的理解和应用也会更有见地，在人际沟通方面，也会逐步锻炼得游刃有余。当然，在会计师事务所工作所承受的压力往往也是巨大的，加班、出差更是家常便饭，高强度的工作使得很多人难以将之作为终生的职业方向。当需要更换工作岗位时，事务所的这些工作经历能够带来更多的选择。所以事务所的财务工作更适合两种人：高层金融管理人员以及经验尚不足的从业人员。前者重在发挥其出色的管理能力，而后者主要是获得学习经历和锻炼能力。对于刚出校园还较为青涩，又喜欢财务工作的青年人来说，先进入一家大型的会计师事务所（尤其是国际四大）锻炼、学习一段时间，待学有所成，积攒了一定的工作经验后再转投大型企业也不失为一种选择。

4. 方向四：银行、证券等金融机构

在经济高速发展的时代，任何企业的发展都离不开资本运作，银行、证券等金融平台在非市场化薪资的情况下，本身的特性也能够吸引到能力强的应届毕业生，比如银行，它独特的资金体量和风控体系，在权限之内，能够给新人一个在相对宽松的环境里去学习和成长的机会，这对于一个应届毕业生来说相当难得；另外，这些金融机构的业务具有广泛性，也能令新人在较短的时间内近距离地学习到更多的金融知识与策略，这会使得新人拥有不错的金融知识背景，相对更快、更游刃有余地投身于银行、证券、风险投资、保险等金融行业，作为专业的财务人员也会有更广阔的发展空间。具有丰富从业经验的证券分析师的收入相当丰厚，而保险业精算师可以说是金领职业。

总而言之，无论选择哪个方向，都要不断进步、永不懈怠。也许在不经意之间，已经轻松超越了最初所规划的职业目标。

1.2 小企业与大企业的财务职业前景对比

对于这个问题，我们需要用辩证的眼光来看待。下面的看法供读者参考。

（1）大公司做人，小公司做事　这是职场中的一句名言，也是职场多数人士的处事信条。

大公司中高手如云，想要鹤立鸡群，肯定是难上加难。如何能快速得到老板的欣赏？初入职场如何让自己的利益最大化？这些都需要深入思考。大公司岗位职责分明，所有人都在自己的"领地"内辛苦耕耘，努力工作。大公司运作流程化，做一个项目往往离不开与同事之间的配合，甚至还会很依赖同事，因此在大公司"学会尊重"是必须的，这也是为什么许多大公司在员工晋升时会有同事互评这个环节。除了工作能力之外，人际关系、领导能力也是晋升的重要考查指标之一。这就是大家常说的在大公司要"学会做人"的原因。

"小公司做事"则是从岗位职责方面来说的。不同于大公司，小公司的职责没那么分明，工作灵活性较大。你需要成为一个多面手，碰上某些岗位人手不够，让你顶上时你得能够顶上。在不少小公司，一个人干完公司全部的会计工作也是很常见的事情。每到月底尤其是年底结账，财务人员可能忙得连吃饭的时间都要压缩。但这样带来的好处就是成长迅速，可以促进自身的全面发展。此外，在小公司，因为人少，大家每天做了什么也都一目了然，若是某件事成果可观，老板也会在第一时间发现，拿奖金和晋升也更快。

（2）小公司靠老板，大公司靠制度和文化　小公司人少，老板的能力决定小公司能否存续；大公司需要凝聚力，靠机制已远远不够，还需要有统一理念的公司文化作为员工的思想支撑。

公司文化是公司的"魂"。没"魂"的公司注定是一潭死水，有"魂"的公司才会生机勃勃。曾经有一位教授问任正非："人才是不是华为的核心竞争力？"任正非回答道："人才不是华为的核心竞争力，对人才进行有效管理的能力，才是华为的核心竞争力。"华为能一直在行业中占据领先地位，这离不开其优秀的管理理念、管理制度，以及优秀的公司文化。在人力资源储备和人员激励机制上，华为毫不吝啬、出手阔绰。在华为，如果你是个人才，那你肯定不缺钱。即便是在2020年，华为的发展面临困境，但是华为对待人才的态度依然相当豪爽。2021年华为公布了一个新的决定，将拿出500亿元给公司的"奋斗者们"（持股员工）作为分红⊖。要知道，与别的公司最大的不同是，在华为的股权结构当中，任正非只持有不到1%的股份，而剩下的超过99%都由华为的全体员工持有，华为是全球唯一一家全员持股的公司，这一波分红每股预计分红1.58元，算起来人均分红高达40万元，对于持股的员工来说无疑是一笔不小的福利。

大公司制度完善，并且非常重视员工的培训，每隔一段时间就会有各种知识分享会议、规范标准操作程序等。工作几年，员工就会发现自己的工作习惯以及思维方式有了很大的提升。当然，对于个人而言，在大公司工作也会带来一些问题，由于大公司管理层级多，一

⊖ 张云山，"营收下降近3成，但仍拿500亿分员工，华为发出大红包"，钱江晚报，2022年2月7日。

个申请往往需要层层报批，决策效率可能会比较低，再加上大公司里人才济济，竞争压力会比较大，员工需要更加努力才能在大公司里实现自己的远大抱负和宏伟目标。

而小公司在制度方面往往没有特别的规定，工作上相对灵活、自由。一般来说，只要能在规定时间内完成工作任务，迟到早退一会儿都不必过于担心。小公司由于规模小，部门以精简为主，申请流程便捷，工作更为高效。不好的地方肯定有，比如小公司福利待遇相对较差，培训体系不够完善，工作的方法与技巧更多需要依靠自己摸索，而且经常会面临资源不足的情况。至于公司的未来发展，更多的是看老板的能力与态度。

（3）大公司相对稳定，小公司不确定　大公司的高层决策人员有着丰富的管理层经验，更加注重企业发展的战略方向。并且相对来说，大公司资金雄厚、本钱足，一时的经营失误，或者经营环境变化，对公司的影响并不会太大，员工可以安心工作。正因为如此，大公司的整体发展和人员流动趋于稳定，员工薪酬也一般高于行业同等水平。

初创小公司就宛如襁褓中的婴儿，抵抗市场波动的能力相对较弱，抗风险能力差，并且小公司通常资金有限，一时决策失误，资金跟不上，那就有可能活不下去。因此，员工流动性大，发展不确定性强，一不小心就可能面临倒闭。

（4）大公司培养专才，小公司培养通才　大公司岗位分得比较细，专人专岗，每个人负责一块内容就行，这样就可能精通一个方面，对于其他方面不太了解。

小公司由于人少，一个人常常需要做多个人的工作，各种事都得一个人承担，更能培养多面手。

1.3 了解自己，选择方向

财务人员的就业方向众多，并不是每一个方向都适合自己，当然也不是每一个方向自己都有机会进入。这就要对自我进行充分的评估。

如何进行自我评估呢？这里提供四象限分析法（如图 1-1 所示），供读者参考。

四象限分析法的基本思路如下：

1）根据能力进行分析。总结以往经验，包括个人成就和失败，从而了解自己擅长什么，不擅长什么。

2）根据喜好进行分析。思考自己喜欢做什么和不喜欢做什么，找到工作动力所在。

3）结合擅长和喜好，综合考虑他人意见，最后做出选择。

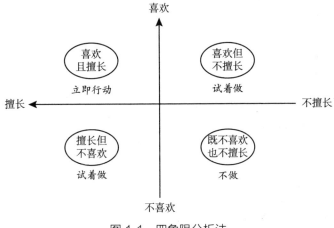

图 1-1 四象限分析法

本章总结

1.财务人员常见的就业方向有四个：一是企业；二是行政事业单位；三是会计师事务所；四是银行、证券等金融机构。何去何从，取决于个人的兴趣爱好和家人的期待。

2.小企业与大企业的财务职业前景对比。对于这个问题，我们需要用辩证的眼光来看待。总的来说：大公司做人，小公司做事；小公司靠老板，大公司靠制度和文化；大公司相对稳定，小公司不确定；大公司培养专才，小公司培养通才。

3.对于就业方向的选择，本书提出的四象限分析法，可供读者参考。

CHAPTER 2
第 2 章

财会招聘和面谈：

应聘者如何与用人单位同频

2.1 了解真实的需求吗

在职场中，招聘方经常有这样的困惑：为什么来参加面谈的候选人，都不是我们需要的？

应聘者也有同样的困惑：为什么参加了那么多次面试，都没有成功呢？甚至参加了初试、一面、二面、三面，就差临门一脚，却没有下文了。自身的条件与招聘单位发布的招聘广告要求，大部分吻合呀？

之所以出现这种非常普遍的现象，是因为招聘方与应聘者信息不对称。部分公司的用人部门在提出用人要求时比较含蓄，不会直接把想法具体地表达出来,还有些招聘方喜欢高深莫测,话只说一半,剩下的让你猜。这就好比在大海中寻找一株美丽的珊瑚,有些人会直接告诉你珊瑚的具体位置和特征,但有些人却会持续发出模糊的暗示,或者只给出一些表面信息,要求你不断挖掘和探索。这样做是因为他们担心直接表达出自己的要求和期望会让求职者不适应或者反感,同时也想要筛选出更有悟性和洞察力的人才,以适应竞争激烈的企业环境。

在用人部门和应聘者之间,还有人力资源部,这是应聘者要过的第一关。如果人力资源部没有领会到用人部门的真实需求,收集到的简历肯定与用人部门的真实需求千差万别。

要想解决招聘和面谈不在一个频道的问题,要先从了解招聘方和应聘者双方的真实需求开始。因为只有知己知彼,才能百战不殆。

2.1.1 用人部门的需求

用人部门提出招聘需求,一般有以下几种情况:

(1)**替代** 现有岗位出现或者将要出现空缺,例如人员离职、休产假、升职、调至其他岗位等。

(2)**解决问题** 这个问题可以是长期的,例如新设子公司需要增加岗位;也可以是阶段性的,例如公司要上市,需要有上市经验的人员主导。此外还有融资、税务稽查、财务规范化等。这个问题可以是现有的,例如现有人员工作量较大,需要补充人员来分担;也可以是即将出现的,例如为了将来的业务需求而进行人才储备,如要拓展海外业务,就需要熟悉海外会计和税务规则的财务人员等。

(3)**培养后备力量** 这种需求常见于管理培训生的招聘。那些有远见的大公司,出于长远考虑,会对关键岗位进行后备人员的培养。

第 2 章　财会招聘和面谈：应聘者如何与用人单位同频　　11

这三项是显性需求，可以直接写在招聘海报上。其他需求如何发现呢？我们可以参照波特五力模型（如图 2-1 所示），设计三维需求模型（如图 2-2 所示），来挖掘招聘方的潜在需求。

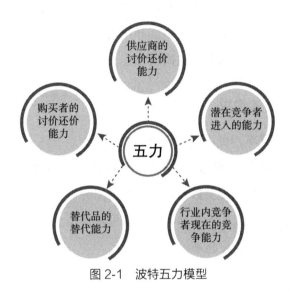

图 2-1　波特五力模型

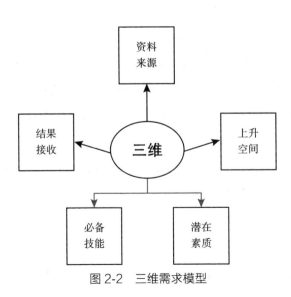

图 2-2　三维需求模型

"资料来源"方相当于供应商,"结果接收"方相当于客户,综合这两方面的需求,可以得出现有岗位必须具备的技能和潜在的素质要求。"上升空间"则是与下文中应聘者的学习成长需求相对应,由此可以推测出未来必须具备的技能和潜在的素质要求。三个维度相结合,大致可以得出岗位的必备技能和用人单位的潜在需求,在筛选简历和面谈时就能目标明确,提高效率。

2.1.2 应聘者的需求

应聘者的需求,可以归为以下三种类型:

(1) **学习成长** 职场上,职位与薪酬挂钩,职位越高,意味着薪水越高。高管职位是多数年轻人奋斗的目标。大多数高管,都是从基层做起,付出无数的汗水和心血,还可能经历人生若干次的跌宕起伏,一步一个脚印成长起来的。

在成长的过程中,至少要进行"硬件"和"软件"两个方面的修炼。

"硬件"就是证书,除了毕业证书外,还要有含金量高的专业证书,像国内的注册会计师、中级会计师、中级审计师、高级会计师、高级审计师、税务师等,国外的 ACCA(英国特许公认会计师)、AICPA(美国注册会计师)、CMA(美国注册管理会计师)、CIA(国际注册内部审计师)等。

对那些有上进心的财务人员来说,有足够的时间和精力备考,是他们非常重要的一个需求。

"软件"就是工作经历,至少包含企业的知名度、职位和工作内容三项内容。

企业的知名度,就像我们常见的商标一样,是品质和服务的保证。有过世界500强、年营业额上千亿、四大会计师事务所等知名公司任职经历的，在职场上非常受招聘单位的欢迎，有的招聘单位甚至会直接写在海报上。但知名公司毕竟数量有限，进入的门槛高。应聘者如果目前没有条件进入，可以采用迂回战术，把知名度稍逊的公司，或者有一定规模的公司作为跳板，等满足知名公司的条件时再去应聘。

职位不仅决定着现在的薪资，而且是以后晋升的阶梯。一个会计去应聘主管，肯定不如一个曾经的主管或者经理去应聘成功率高。跨越的级别越多，成功率就越低。让一个会计跨越两个及以上级别去应聘经理、总监或者总裁，不管他多么优秀，也很少能获得面谈的机会。向下跨越多个级别也是如此，让一个经理、总监或者总裁跨越两个及以上级别去应聘会计，大概率会被用人单位淘汰。

当前的职位，就是以后应聘更高职位的跳板。

工作内容的含金量与匹配度，会直接左右面试的成功率，不管是替代需求还是解决问题的需求。我们常说的上升空间，除了职位的上升高度外，还有工作内容的深度。财务部门含金量高的工作内容有成本、预算、税务筹划、内控、合并报表、主导或者推动上市等，这些工作内容不仅需要深厚的理论功底，而且需要丰富的实战经验，对综合素质要求很高，从事相关工作的人员成长起来也比较快。候选人除了要考虑当前的工作内容外，还要重点关注有没有调整至这些岗位的机会。

"硬件"和"软件"是显性的，可以在简历上用文字表达出来。简历中亮眼的软件和硬件，作为过硬的敲门砖，能让候选人降低在简历初选环节被淘汰的风险，获得更多面谈的机会，提高成功率。

（2）**薪资** 人作为社会的主体，要生存和发展，要衣食住行，要赡养老人、抚养子女，这些都依靠财富支撑。"君子爱财，取之有道"，劳动者通过辛勤劳动创造价值，并获取相应的报酬。然后通过消费来带动需求的增长，可以促进社会经济的良性循环。

具体到微观的某个经济体，能获得多少酬劳，是由诸多因素决定的，不同的地域、行业、企业、岗位等，酬劳有很大的差异。即使是同一个企业的相同岗位，薪资存在差异也是很常见的。对应聘者来说，争取自己的利益最大化无可厚非。所以在其他条件相同的情况下，当然是薪资越高越好了。

（3）**特定目的** 这里的"特定目的"是中性词，非褒非贬，完全是正常的需求。有这类需求的应聘者往往对薪资并不是那么在意，而更关注招聘方的地域、工作量、工作氛围、作息时间等某一个或者多个条件。供需有契合的地方，就有合作的可能。接下来列举几项：

1）目的一：照顾幼儿。常见于家里有小孩的应聘者。孩子在很小的时候，经常要去看医生、打各种疫苗等，离家近、工作量不大、工作时间相对自由的工作，是这有这类目的应聘者的首选。

2）目的二：发挥余热。"老骥伏枥，志在千里。烈士暮年，壮心不已。"退休人士大多有广阔的人脉、丰富的职场经历和人生阅历，这些都是宝贵的财富。部分退休人士想要在职场上继续发光发热，就会兼任财税教师、财税顾问、独立董事等。

2.2 经验、证书、资源和悟性

对经验和证书的要求，常见于招聘广告，是招聘专员筛选简历的有效标尺。

资源，可以是掌握某个重大方面的信息，比如某个产品的关键供应商信息、客户网络等。这种能量平时不显山不露水，但是到关键的时候能发挥很大作用。

悟性，可以理解为高效的学习能力、可塑的领悟能力、创造性解决问题的能力。悟性强的应聘者在众多的应聘者中非常亮眼，会让招聘者很欣喜。悟性需要通过平时多主动学习、思考、总结来锻炼。

资源和悟性在面谈的时候可能会作为加分项。

2.2.1 经验

社会招聘，不论是高管岗位，还是产线工人、保安、保洁、厨房的杂工，招聘方都会要求应聘者有相关工作经验，这对刚踏入社会的毕业生来讲，真的太难了，只能想办法找实习单位获得实习经历。

好在刚毕业的学生应聘基础岗位的居多，很多公司会对应届毕业生放宽对工作经验的要求。

工作经验有含金量的。科学家一生专注于一件事情，是"工匠精神"，他们的成就是非凡的，他们的经验就是宝贵的财富。袁隆平为了"不让老百姓挨饿"这个淳朴的目标，一生专注于杂交水稻种植。

一生专注于一件事，并取得巨大成功，是让人尊敬的。

如果财务人员一生专注于某一个领域会怎样呢？

财务可以分为核算、税务、管理、审计四个领域，每个领域又能派生出很多细分的岗位。在每个领域，就像科学家那样，用"工匠精神"去深耕，肯定会有巨大的成就。但是如果安于现状，那这几十年的工作经验与几个月的工作经验有什么区别呢？一项工作做二十年，比如开发票，只是把几个月就能熟练掌握的事情，做了二十年而已。如果在二十年内从事过多项工作，深耕每项工作内容，并形成自己独到的见解，这样的二十年含金量十足。

所以，在工作经验方面，要多关注工作内容和业绩，少关注时间跨度。

2.2.2 证书

要想在财务这个行业中谋求更高的发展，证书是十分必要的。不仅招聘单位有要求，对于一些重要的岗位，法律也有要求。比如《中华人民共和国会计法》第三十八条规定：会计人员应当具备从事会计工作所需要的专业能力。担任单位会计机构负责人（会计主管人员）的，应当具备会计师以上专业技术职务资格或者从事会计工作三年以上经历。本法所称会计人员的范围由国务院财政部门规定。

财务类的证书，按照地域划分有国内的和国外的，按照发证机构划分有职称类和资格类，按照证书的内容划分有会计类、审计类、税务类、评估类、管理类等。这里按照地域和发证机构划分来大概介绍一下，若有读者想详细了解，请自行查阅相关资料。

（1）国内　国内的职称类证书有初级、中级、高级的会计师、审计师和经济师，资格类的有注册会计师（CPA）、注册资产评估师（CPV）、税务师等。

（2）国外　国外的资格类证书有英国特许公认会计师（ACCA）、美国注册会计师（AICPA），这两个证书在欧美地区的企业中比较受重视。此外还有国际注册内部审计师（CIA）等。管理类的证书有美国注册管理会计师（CMA）等。

不同证书的含金量不同。

在国内，注册会计师（CPA）的含金量最高，认可度也是很高的，当然考试的难度也相当大。笔者大学期间班级中有60个人，每个同学都参加过注册会计师考试，截至2023年，已经毕业20多年了，真正坚持下来并最后取得证书的只有3个人。中级会计师证书含金量次之。高级会计师从级别上比中级会计师高一个档次，要获得这个证书需要具备更高的能力，并不是所有的中级会计师证书持证人在5年以后都能获得高级会计师证书。

国外的证书，英国特许公认会计师（ACCA）和美国注册会计师（AICPA）含金量较高。

含金量不高的证书，很少能获得用人单位的认同。

虽然证书很重要，但从业人员也不要有执念，不用认为一定要考过才行。等做到财务总监后就会发现，软实力比硬实力（证书）更重要。

2.2.3 资源

资源，可以是出生背景，还可以是成长、工作过程中积累的人脉。凡是可能给公司带来经济利益的，都可称为资源。

人是社会的主体，一般不是孤立存在的。所以亲戚、朋友都是资源。

一个销售经理，与目标客户的采购经理关系很铁，这项人脉关系可能会给公司带来销售订单。跟采购经理的关系，就是这个销售经理的资源。

一个销售总监，有稳定的销售渠道、广阔的销售网络，这就是销售总监的资源。

一个财务总监，长期与各大股权投资机构保持合作共赢的关系，这些投资机构就是财务总监的资源。笔者认为，资源是互利互惠的，有资源当然是好事情，但是不能过度依赖。

2.2.4 悟性

悟性，是人的某种特质，可以是与生俱来的天赋，也可以是通过后天不断努力所形成的做事方式。有的人天赋异禀，很多事情一点就透，举一反三。

有的人通过后天努力，不断地发现问题、解决问题、归纳总结，日积月累，逐渐形成了自己特有的做事方式，在对待问题上多想、多做、多总结，知识库积累到一定程度后，量变引起质变。

跟悟性强的人共事，省心、高效。

需要特别留意的是，当有悟性的人在当前的平台无法充分施展才能时，他们大概率会离开，寻找更合适的平台。

发现悟性强的人才，给他们平台，培养并留住他们，对企业来说是利在长期的大事。

2.3 招聘广告：向财会人员传达了什么信息

招聘广告，是应聘者了解招聘方的第一个媒介。有了它，应聘者就可以初步了解岗位职责、任职资格、薪酬等。

有应聘意向的求职者，可以以公司名称为关键字，搜索到很多有用的信息。比如可以搜索"××公司怎么样"，可能会找到该公司前员工的评价。当大多数前员工对该公司的评价并不高时，放弃面试机会也是很好的选择。

求职者还可以通过天眼查等网站，查看公司的经营风险、法律风险。如果某个公司有大量的劳动合同纠纷、供应商和客户的诉讼，入职就要慎重。

这些都是不用花钱就可以找到的信息，我们一定要充分利用好。

所以，建议所有的公司都要爱惜自己的"羽毛"，善待自己的员工与合作伙伴，这样不仅能减少纠纷，还能吸引大量优秀的人才。

此外，在招聘广告中，还会有一些常见的信息传达出来，列举如下：

（1）**薪资** 笔者认为，招聘公司能够给出的薪资一般以薪资范围的最低数据为主，薪资区间一般只供参考，标出的最高薪资大多只起到吸引应聘者注意的作用。笔者的朋友曾经面试过一家招聘广告上写着月薪 8 000～14 000 元的公司，面试过程很顺利，双方也有合作意向，当时笔者的朋友要求月薪 10 000 元，处于该公司标出月薪范围之中，但面试结束后便没有了消息，后来就发现该公司把薪资区间改为 6 000～8 000 元。

（2）**年龄** 以笔者面试的经验，如果岗位明确标了年龄限制，30 岁或者 35 岁以下，特别优秀的一般会放宽 2 岁。如果明确标注 45 岁以下，超过 45 岁很少有面试机会。

（3）**经常招聘** 如果某公司长期在平台上挂着同一个岗位的招聘信息，那么这个岗位可能要求比较苛刻，或待遇不好，留不住人，或者就是为了在招聘平台做一个免费的广告。这种岗位传达出的信息并不好。

建议求职者在去面谈之前，评估一下成功的可能性有多大。如果太小就坚决放弃，看看别的机会。因为参加面谈除了付出时间成本外，还要支付交通、餐饮、住宿等金钱的成本。

本章总结

　　招聘方与应聘者不同频，以及招聘方的用人部门与负责招聘的人力资源部门存在信息差，将会导致招聘与应聘工作的低效率。若要改变这种状况，需要招聘方的人力资源部门与用人部门进行充分沟通，了解真实需求，将需求具体地写在招聘广告上；应聘者要通过多种途径充分了解招聘方的各种信息，并根据自身的需求和能力进行匹配，选择契合度高的公司。

CHAPTER 3
第 3 章

财会面试的一般知识

3.1 认真准备个人简历

每逢招聘季,用人单位人力资源部的工作人员(简称人力)和面试官就非常忙碌,他们可能没有太多的时间去仔细判断一份简历的好坏。那么,站在他们的角度,什么样的简历是"好简历"呢?人力和面试官根据什么快速判断制作简历的求职者是否满足用人单位的需求?求职者的简历怎样才能在一大堆简历中脱颖而出呢?

一份好的简历,主要包括以下要素:基本信息、自我评价、工作/项目经历、教育经历,以及其他事项。

3.1.1 基本信息

个人基本信息主要包括姓名与性别、照片、学历、年龄、电话，等等，很多人觉得这些好写，都是基本情况，如实填写就行了，但其实还是有讲究的。

（1）关于姓名与性别　姓名一定不能写错。而且如果通过你的名字判断不出来性别，甚至会判断错，那你最好还要写上性别。

（2）关于照片　照片会让别人形成对你的第一印象。正常人都喜欢美的东西，一张让人看着舒服，甚至是眼前一亮的照片，能增加人力或者面试官对你的好感。照片可以适当美化一下，但是不要太过分，如果照片与本人反差太大，可能会招致面试官的反感。

（3）关于学历　绝大部分人在这部分只写学历，而不写毕业院校，通常只把学校写在后面的教育经历里。但如果你的学校在业内非常有名，行业排名在前10或20以内的，最好把学校写在基本信息里，而且位置醒目点儿更好。

（4）关于年龄　能写年龄，就别写出生年月，不要让人力和面试官去做算数题。如果岗位需求里写了年龄限制，比如"25岁以上""45岁以下"，直接写年龄更合适，让人一目了然。

3.1.2 自我评价

这部分内容一定要认真对待，这是求职者对自己的一个全方位的介绍，能让看简历的招聘方快速了解求职者。自我评价不能写得千篇一律，如很宽泛的为人诚实、责任心强、工作踏实努力、学习能力强、有团队合作精神等，这种评价往往空洞无物且容易重复。所以在自我评价部分中，求职者要把自己的特色写出来。写的时候要注意结合用人单位的需求。篇幅不要太长，要突出自己的亮点，尽量多举例子，多列数字。也可以适当写写自己的职业规划，让招聘方有记忆点。比如可以使用以下句子：

1）7 年成本会计岗位经验，5 年中层财务主管经历，已经取得中级会计师资格（或注册会计师资格，或注册会计师考试通过 ×× 门等），希望 3 年后能成长为高级会计师（或注册会计师等）。

2）2 年中型企业财务团队管理经验，团队规模 ××，团队成员离职率远低于公司平均水平。

3）解决问题能力强，工作中遇到问题会主动上网查询，或询问同行先进或长辈师长。

如果你是主动投简历或者内推的，最好这部分内容和目标职位的要求匹配度高一些。

3.1.3 工作/项目经历

简历中的经历一定要按时间倒序排列，最近的经历放在前面，当两段经历出现交叉时，应该以结束时间为准进行排序，最好不要穿插着写。因为最近做的事情是人力和面试官最关注的部分，最能体现应聘者的能力和对业务的熟悉程度。收到的简历太多了，人力和面试官没有太多时间在简历上找自己需要的信息，所以应聘者在写简历时就要做到让人力和面试官一眼看到重要的内容。

（1）**关于工作经历**　如果你跳槽比较多，在个别公司就待了 3～5 个月，而且时间距离现在也比较久了，就跳过这段经历，不必写进简历中，写了反而会让人觉得跳槽频繁，可能会让人力和面试官产生"不能在公司长期工作"的印象。

（2）**关于项目经历**　这是面试过程中人力和面试官主要问的内

容。如果你参与的项目比较多，就挑重要的写。什么样的项目值得写？你重度参与（最好是全程参与）的项目、最近做过的项目、规模大的看起来显得厉害的项目，和应聘公司岗位更吻合、更接近的项目，就是值得写的项目，需要你花精力好好写，突出重点，因为人力和面试官对它们更有兴趣。另外，在写项目经历的时候，笔者建议尽量避免用不常见的英文缩写，比如 ALM⊖、SCF⊖ 等。

项目背景固然重要，但你在项目中是何角色更重要。所以，你必须要写清楚项目和自己相关的信息：项目历时多久，你是否全程参与，一共多少人参与了项目，你在其中起什么作用，经历此项目之后你有哪些收获。人力和面试官可以通过你对这些问题的回答看出来你在项目中是否为核心骨干成员。

3.1.4　教育经历

这部分内容比较简单，照实填写就行了。对于刚毕业或者毕业不久的求职者来说，如果并没有参加工作和项目的经历，那么可以写一些在校期间获得的各种奖项、奖学金，参加的社会实践和实习经历。

3.1.5　其他事项

写简历，最基本的是诚实，不要耍小聪明，不要试图蒙骗人力和面试官，他们大多"身经百战"。还有，注意简历的内容要突出"简"，别写得太长，切忌空洞又啰唆、主次不分。你可以突出写

⊖　ALM：Application Lifecycle Management，应用生命周期管理。

⊖　SCF：Supply Chain Finance，供应链金融。

自己的长处，多放数据，多摆事实，让看简历的人能迅速看到你的优势。

此外，在简历里，如果能够加上应聘公司的标识，可能是加分项，因为这会给人力和面试官"很用心"的感觉，从而留下较好的第一印象。

3.2 保持良好的心态

在面试中，能力和技巧很重要，此外，还有一个很重要但却被很多人忽略的因素——心态，心态往往会影响我们在面试中的发挥情况。很多情况下，一个好的心态便是面试成功的一半，可见良好心态的重要性。那么，怎样在面试中保持良好的心态呢？

3.2.1 保持积极向上的精神面貌

良好的心态首先表现为一个积极向上的精神面貌，并在面试时将这种精神面貌展现给面试官。那么，该如何展现呢？

（1）**保持自信** 自信可以让一个人的精神状态变得更好。当一个人变得自信时，这个人的内心就会变得比较强大，充满勇气，而一旦内心充满勇气，不论是回答问题，还是做事，都会是信心满满的。

（2）**坦然面对质疑** 在面试中被面试官质疑是一件非常正常的事情。面对质疑，你需要展现出自信和"自圆其说"的能力。在竞争同一岗位时，应聘者的基本能力、学历、知识储备等不可能差太多，所以你要非常自信地告诉别人和自己"我说的并没有错"（当然，如果你自己也意识到真的是错了，就大大方方地承认，不要畏首畏尾），

"我讲的也都是有道理的"。如果你有这种心态,不论是面对竞争者还是面试官,都能应对自如。

(3)仪表端庄、衣着整洁 仪表端庄、衣着整洁的人一般注意自我约束、责任心强。俗语说"三分长相,七分打扮",因此,在准备去面试时,服装需要提前试穿,不可急急忙忙穿上就走;在仪容造型方面不可太过惹人瞩目和标新立异,看起来自然大方就可以。

(4)维持良好的姿态和面部表情 精神面貌可以通过良好的身姿和面部表情展现出来,应聘者可以通过维持良好的站姿和坐姿,头正肩平背挺直,保持微笑,善用眼神交流等方式来展现出积极自信的形象。

3.2.2 预先准备,稳定心态

要想在面试中保持良好的心态,除了要有一个积极向上的精神面貌以外,还要在面试前进行一些准备。准备的内容主要包括两个方面:一是了解用人单位的情况,二是可能面试的内容。

(1)用人单位的情况 在面试前,应聘者应该对公司和职位进行充分了解和准备,包括公司的历史、文化、产品或服务以及行业情况、职位职责等。这样会让应聘者在面试时更加自信,充分展现出对职位和公司的热情和认真态度。

(2)面试的主要内容 一般包括:

1)个人介绍。在面试开始时,面试官通常会要求应聘者进行简短的个人介绍,介绍自己的姓名、学历、工作经验、职业技能等。

2)职业技能测试。有些公司或职位会有相关的职业技能测试,用来衡量应聘者的技能水平,如能力测试、语言水平测试、专业知识测试等。

3）行为面试。行为面试通常用来评估应聘者的工作能力和处理问题的能力。面试官通常会问应聘者遇到过的实际工作场景和如何处理，以评估应聘者的实操能力和解决问题的能力。

4）知识面试。知识面试主要关注应聘者的专业知识和理解能力。面试官通常会询问相关领域的问题，以了解应聘者对于专业知识的掌握情况。

5）工作经历审核。面试官会仔细询问应聘者的工作经历，包括职责范围、成果实现、工作时长等内容，以了解应聘者是否符合公司的需求。

6）公司文化和团队匹配性。面试官也会了解应聘者对公司文化的了解和是否适合公司与团队，考察应聘者是否能够快速融入公司文化和工作团队。

3.3 沉着冷静地回答问题

3.3.1 精确识别面试官提问的目的

通常面试都是以面试官提问和应聘者作答的方式开展的，有些应聘者因缺乏对面试官提问的深度思考和提前准备而难以有效做出回答，造成面试失分甚至失去本能获取的录用意向书（Offer）。

面试官的提问都有非常强的目的性，就是尽可能快速和全面地获取应聘者的各项信息并与招聘需求相匹配，从而做出决定。俗话说，知己知彼才能百战不殆。通常面试官通过问问题来测试应聘者，比如：

1）是否忠诚。所有企业都希望招进的人才最起码要具备诚实可靠等品质，面试官可能会问"为何离开原单位选择本公司"等问题，此时你的答案需要合情合理，且逻辑正确，比如"不是因为原单位不好，只是希望趁着年轻能有一个更大的挑战"，或者"为了避免路途遥远，需照顾父母、孩子"，等等，将自己的想法流畅地表达出来。

2）是否有良好的分析表达能力及人际交往能力。针对这项内容，应聘者事先要对所聘公司尽可能进行全面了解，弄清公司所处的发展阶段。对于成熟期的公司，可说是因崇尚公司的发展理念；对于尚处在发展阶段的，可说是希望能与公司共同发展；对于尚处在筹备创业阶段的，可说是因看到了公司的发展前景，以及公司的创新精神，等等。总之，应聘者通过充分准备，对面试官所问的问题要反应机智敏捷、回答得当。对于人际交往能力，在面试中，面试官可能会通过询问应聘者在各种社交场合所扮演的角色，经常参与哪些社会活动，喜欢同哪种类型的人打交道等，了解应聘者的人际交往倾向和与人相处的方式。

3）是否具备情绪稳定性与控制力。工作要有耐心和韧性，人无完人，在遇到上级指责、工作压力或是个人利益受到损害时，也一定要保持理智，不因情绪而影响工作，这也是面试官比较认可的一种工作精神。

除了上述内容之外，面试时面试官还可能要问求职者对具体应聘岗位职责的了解以及关于热点时政、热点现象等的问题，所以平日应聘者也要适当关心时政。

3.3.2 掌握面试应答的一般技巧

应答是面试的主要形式。高明的应答技巧能提高应聘者的面试成绩。以下是面试应答的一些技巧。

（1）**一定有问必答** 不管是什么问题，都要做出回答，这是最基本的原则。面试官提出一些"貌似刁钻"的问题，可能是测试你的应变技巧、反应能力。你如果拒绝回答或者支支吾吾，那么收到录用意向书的机会可能就小很多。

（2）**要坦率、不掩饰** 对于面试官提出的某些专业性很强的问题，而你又确实不懂，就坦率承认自己不清楚。有时面试官提出这一类问题只是想考验一下对方的人品，索性坦率承认不会，可能就此通过了这个问题的考验。

（3）**抓住重点** 在面试中，有些面试官可能会一口气连续问你多个问题，而又要求你在短时间内进行回答。这其实是考查你对重点问题的把握能力。事实上，如果你回答问题的时候想要面面俱到，把所有的内容都事无巨细地展开，势必会导致面试时间紧张。因此，学会抓住重点很重要。面试官问的有些问题可能涉及的内容较多，但给你的时间又较少，这时候也要求你抓住重点、简要回答。比如，某企业面试出了一道题：单位成立20周年要组织会计知识竞赛，请你说说活动策划的思路和方案。很多应聘者在作答的时候会事无巨细地描述自己活动策划前的准备工作，仅调研内容就说了一分多钟，后面没有时间去展开说明其他内容。在这道活动策划类面试题中，面试官更想听的应该是应聘者如何设计具体的活动以达到让大家深入了解会计知识的目的。所以对于这道题，应该更加侧重于会计知识竞赛中竞赛的内容是什么，赛程是怎么设计的。所以在回答时，需要明确目标，理解面试官的意图，从而找准答题重点。

（4）**"大"题"小"做** 面试官有时会根据需要问一些"很宽泛"的题目，一般来说，"大"题"小"做的技巧是围绕你求职的职位来回答，此时你只需围绕着与应聘岗位相关的技能与经验去谈，面试官如果感觉有必要再了解你的其他情况，他会继续发问。这种情况往往出现在面试开始时，此时面试官并不提出任何问题，而让你先随意介绍，因此，你必须尽量地把话题拉到你能把握的知识与经验等方面上来，这可是个推广自己的绝佳机会。

（5）**总结概括**　很多应聘者总会有这样的困惑：明明在回答问题的时候自己的作答思路非常清晰，但是在别人听来还是非常混乱。其实，出现这种现象的根源还是你在答题的过程中缺乏对题目内容内在逻辑的梳理和外在层次的强调。

内在逻辑的梳理就是要搞清楚问题涉及的内容之间的逻辑联系，比如，面试官问的是"关于××的解决措施"，有些应聘者回答的时候总是跑题，并且经常与解决这一问题的意义相混淆。其实，你只需要明确面试官想听到的回答是解决办法。在针对问题提出解决办法的时候，一般是从问题的表现、后果和原因入手，这样从内在逻辑入手，就会让面试官听起来比较清晰。

外在层次的强调主要体现在语言表述上，就像写文章要划分章节段落一样，在面试表述的过程中也需要层次清晰。比如使用"首先、其次、最后"等逻辑词，还可以在作答的过程中对每一个要点进行总结概括，在表达的时候通过一些语言表达强调和停顿，以及用肢体动作来突出层次等。

面试应答是一个语言表达的过程，经过逻辑严密、表达清晰的陈述，你的思维逻辑就可以完整地呈献给面试官，让他们能够"听懂"你的话，认可并且记住更多你所说的内容。如果你能从内、外两个方面共同入手，理顺思维逻辑，突出表达层次，肯定就会提升作答的逻辑性，也肯定能够更好地打动面试官。

3.4 给面试官留下良好的第一印象

3.4.1 第一印象的重要性

美国心理学家洛钦斯（A. S. Lochins）于 1957 年首先提出第一印象效应，也叫首次效应或优先效应。在应聘的场景下，面试官的第一印象将会对今后的工作产生一定的影响，这就是所谓的"先入为主"带来的效果。虽然这些第一印象并不一定合理，但却相对鲜明、令人记忆深刻，甚至决定着应聘的进程。

曾国藩一见到江忠源，对他就有非常不错的印象。曾国藩多次跟别人赞扬道：此子必名扬天下，地位不在我之下。正是这种第一印象，成为后来曾国藩积极提拔江忠源的关键所在。孙中山作为中国的革命家和民主主义倡导者，在中国近代史上拥有重要地位。孙中山的仪表和气质也给人良好的第一印象。他的清秀外表和谦虚有礼的品格，为他树立了一个正义而坚强的形象；他的慷慨激昂的演讲和领导才能吸引了越来越多的人关注革命事业，让人们在对抗清政府和推动国民革命的时候更加愿意相信他的领导和倡议。

民间有一句俗语："要给人好印象，你只需要 7 秒钟。"在笔者看来，7 秒钟可能有些夸张，有实践表明，面试时第一个 5 分钟的印象往往决定着应聘者能否被录取。面试官会根据应聘者的仪容仪表、语言谈吐、文化素养等方面，迅速形成对应聘者的原始印象。其实，不仅是面试，日常生活中的见长辈，企业工作中的见客户，给别人留下一个良好的第一印象，都会给你带来很大的收益。

3.4.2 怎样给面试官留下良好的第一印象

最重要的就是礼仪，穿着得体，不卑不亢。礼仪是个人形象气质以及生活习惯的综合体现，往往反映了一个人的综合素养和品位。礼仪是面试官评价应聘者的重要依据。不要因为最简单的礼仪方面的不当行为，导致自己面试分减少，因此错失良机。

前面提到的那句俗语："要给人好印象，你只需要 7 秒钟。" 7 秒钟显然说不了几句话，并不能让应聘者全面展示自己。所以，形成第一印象的不是语言，而是非语言沟通方式，包括面部表情、目光接触、身体语言、服饰打扮、待人接物等。

那么，在面试过程中，你需要注意哪些细节来提升自己在面试官心中的印象呢？

（1）首先是谦逊有礼 在等待面试时，需有人通知，再去礼貌地敲门；若无人通知，即便前一位面试者已经出来，也不要擅闯。另外还要注意敲门的力度等细节。在听到面试官说"请进"之后，方可轻声入门。进入后轻轻合门，然后微微鞠躬行礼，问好后再自报姓名。

（2）握手传递自信 面试时，如果有机会与面试官握手，也可以借助握手的机会传递一些信息，很多面试官将握手作为考查应聘者是否自信的方式。

那么怎样握手才是合适的呢？握手时应注意以下事项㊀：

1）握手时机。面试双方见面，握手是很常见的礼仪。但你应等

㊀ 根据网络资料编写，具体可参见：文书帮，面试的基本礼仪介绍（通用21篇）；品才，面试时的礼仪。

面试官先伸出手来,再迎上去握手。如果面试官没有伸手,无握手之意,可仅点头或鞠躬致意。

2）握手姿势。与面试官握手时,应伸出右手,上身要略微前倾,两足立正,彼此之间保持一步左右的距离;手臂呈L形,有力地摇两下;握手时精神要集中,双目注视面试官,微笑致意。握手时不要看着第三方,更不要东张西望,这都是不尊重对方的表现。

3）握手时间。握手的时间以3秒为宜,时间不能太长,尤其对方是异性的时候。当然时间过短也不好,会被人认为傲慢冷淡,敷衍了事。需要注意的是,男士与女士握手时,通常只握女士的手指部位。

4）握手禁忌。手不要湿乎乎的;力度适中,不要用力过猛;不要长时间握住不放;不要用两只手;不要在握手时将另外一只手插在兜里。

（3）坐姿　站如松,坐如钟。坐椅子时最好坐满椅面的2/3,身姿挺而不僵,身体略前倾,双膝并拢,手自然地放置在膝盖上,这样既显精神又不死板。不要:①双腿大叉;②双腿直伸;③抖腿或跷二郎腿;④手触摸脚部;⑤紧贴椅背坐;⑥两臂交叉放在胸前或把手放在邻座椅背上。

（4）注重眼神交流　俗话说,眼睛是心灵的窗户。在与面试官交流时,礼貌地正视对方,专注、不呆滞。如果同时有多个面试官在场,说话的时候也要适当照顾一下其他人,以示尊重。在回答问题前,可以把视线投在其他地方几秒钟,以示思考;待发言时,需收回视线。

（5）**始终保持微笑**　微笑是自信的表现,可以消除过度紧张的情绪;微笑是沟通的润滑剂,可以拉近你与面试官的关系;面带微笑，可以让面试官感觉到你的谦虚、亲切，为面试加分。

（6）充分了解公司 面试前你应该对应聘公司的基本情况有较为深入的了解，从公司发展到经营范围，从核心业务到主要产品，你都要有一个大概的了解。当与面试官交谈时，你不妨展示一下这方面的准备。因为在面试官看来，你准备了解得越充分，说明你对这场面试越重视、对这家公司越在意。人的感受是相互的，面试官同样也会重视你，对你留下深刻印象。

（7）展示自身才华 每个岗位，都会有许多的应聘者。你越在意的岗位，一般应聘者也会越多。通过面试，面试官会从众多的应聘者中选出最适合公司的人才。面试中，我们常常会被面试官问到"你有什么能力"，这个时候你千万不要就照着简历上的内容重新说一遍，因为简历上写的面试官已经看过了。最好的方式是描述一个你做过的具体事例，并从纵向和横向两个角度来展示你的才华。

1）纵向。对事例进行拆解，比如，你曾经为公司组织过一场财会知识大赛。那么可以将事例拆解成以下几个部分：

① 当时是什么背景，做这件事期望达成的目标是什么。

② 为了达成目标，采取了什么行动。

③ 最后取得了什么结果，这个过程展现了你的什么能力。

总之，就是把具体的事例拆解，有背景、有目标、有行动、有结果，最后提取出自己的核心能力，这样最具说服力。

2）横向：光做到上面还不够，你还要学会横向对比，比什么呢？

① 和以前的自己比。可以谈谈自己以前面对类似的情况是怎样做的，然后现在有了哪些改进，体现自己的成长。

② 和别人比。说说别人是怎么做的，自己的做法有哪些过人之处，以及从别人的做法中学到了哪些东西等。

从纵向和横向两个角度，用举例的方式来展示自己的才华与能力，一定会让你的表达大大加分。

（8）切忌贪婪自负 很多应聘者都败在"贪婪自负"上，尤其是薪资待遇方面。从本质上讲，在众多应聘者中筛选，公司肯定是希望找到一个能力最优秀、薪资要求最低，且能够最大限度服从公司安排的人，虽然这种人不是很多。所以我们在进入面试的最后阶段，被问及薪资待遇时，最好给出一个适合自己能力、身价的区间值。

3.5 财会群面的策略和技巧

3.5.1 什么是群面

群面是与 1 对 1 面试相对的面试，是一群人一起面试。在群面过程中，面试官全程观察每位应聘者的逻辑思维能力、团队合作能力、专业知识运用能力、情绪控制与抗压能力等各方面的软实力。

通常来说，只有大单位、竞争激烈的单位才会有群面，因为应聘的人太多了，用这个方式可以让面试官高效地选择出心仪的应聘者。所以，群面的淘汰率相当高，一般是 10 进 2、10 进 3，甚至更低。

群面通常有以下两种考查形式 ⊖：

1）小组讨论。

2）辩论。

⊖ 有人认为宣讲（Presentation）也是群面的一种形式。但笔者认为宣讲主要是招聘者一个人在表演，故本书不将其纳入群面的范畴。

3.5.2 小组讨论的策略与面试技巧

小组讨论是群面最常见的一种形式，大约占总群面数量的80%。通常是由6～10名应聘者组成一组，针对面试官给出的问题在特定的时间内（一般在60分钟左右）进行讨论，最终就讨论内容达成一致，然后向面试官进行汇报。

（1）小组讨论的基本流程 小组讨论的基本流程如图3-1所示。

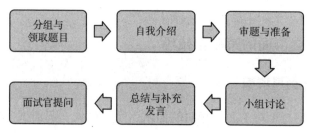

图3-1 小组讨论的基本流程

1）分组与领取题目。面试官会先介绍本次群面的相关要求、面试规则及纪律，接着应聘者抽签进行分组，领取题目后入场。

2）自我介绍。小组成员进行自我介绍，一般每人介绍1分钟，完成需10分钟左右。

3）审题与准备。小组进行角色分工，阅读面试材料，各自准备纲要。这个流程一般为10分钟左右。

4）小组讨论。小组成员就面试问题开展20～30分钟的自由讨论，面试官并不干预讨论过程，只会观察每个人的表现并记录在案。

5）总结与补充发言。小组代表向面试官做总结，汇报整个讨论的过程及结果。在适当的时候，小组成员可以进行补充。这个流程的时间一般为3～5分钟。

6）面试官提问。如"请××评价一下自己的表现""你觉得刚才的讨论过程中有哪些不足及问题""如果在你与××之间选择一个淘汰，你觉得应该淘汰谁"，等等。

（2）角色分工及职责　一般来说，小组讨论主要有3个角色，分别是领导者、协调者、小组成员，每个角色分工各不同。

1）领导者。负责主持群面流程，引导小组讨论，协调成员，让每位成员都能充分发挥自己的作用，确保小组高效有序地进行讨论，并达成共识。最后总结提炼整场讨论的核心观点与最终方案，并用简明、清晰的语言进行阐述。

2）协调者。负责根据面试总时间安排小组讨论节奏，协助领导者引导小组讨论的方向，防止小组成员跑题。

3）小组成员。全程积极参加讨论，提出建设性观点。

（3）群面讨论的题型　群面讨论的问题通常是非专业性的，常见的大致可以分为以下四类：

1）开放式问题。通常包括谈看法（如成功的定义是什么、在骂声中成名算不算成功）、提对策、搞策划、做调研等。这类问题没有标准答案，只要你思路清晰、逻辑严谨，有自己的观点和见解，能够自圆其说即可。主要考查应聘者的逻辑思维和语言表达能力。

2）排序选择问题。常见的是对备选答案的重要性进行排序，比如：你在选择工作时，对于薪资、地点、规模、口碑等，请你给出一个排序。这类问题主要考查应聘者分析问题和抓住关键问题的能力。

3）资源争夺问题。这类问题主要以资源的分配为主要题型，选项（案例）之间具有一定的均衡性，对讨论主题要求较高，要求应聘者具备一定的资源优化配置意识，主要考查应聘者的计划、组织、协调能力。比如面试官出这样一道题:"假设你是一家制造企业的财务主管,负责控制和分配成本。你的下属向你报告,在最近几个月中,公司的成品库存数量逐渐增加,但销售额却没有相应增加。这导致企业库存成本变高,利润率下降。你会怎样处理这种情况?"这个问题就是考查应聘者的成本控制和资源分配能力。应聘者需要分析销售和库存数据,寻找原因,并制订改进计划。此外,应聘者还需要考虑在资源分配上如何权衡利益,以达到最佳的成本控制和公司利润最大化。

4)材料分析问题。给出一个设定情境事件的问题,让小组成员根据提供的材料和信息讨论出解决方案。主要考查应聘者的分析能力和逻辑思维能力。

(4)面试技巧与注意事项

1)提前准备自我介绍。自我介绍是给面试官留下良好第一印象的关键。但群面中自我介绍的时间很短,通常不到1分钟,因此,你的介绍一定要简洁,重点说明我是谁,我做过什么,我的优点有哪些。你需要提前准备非常精简的自我介绍,并在面试前进行演练,确保现场能够清晰明了地介绍自己。

2)尽量选择最适合自己的角色。在群面中,角色的选择很重要,要根据你个人的性格、优势等进行选择。在小组讨论中最重要的是把控住你的角色,比如,如果你是领导者,你就要抓住第一个发言的机会和最后总结发言的机会,同时留意并照顾没有或少发言的小组成员;如果你是协调者,你就要善于倾听并支持小组成员的正确想法和意见,当小组成员意见不统一而时间不多时你要注意掌控进度(比如"我看时间不多了,大家也不要争论了,目前有×个观点,一是××,二是××,我们来表决一下吧")。

3）注意审题。在审题过程中，你要认真发现关键词，从题干中找出目标问题。然后以目标问题为核心，层层分解，达成目标。

4）积极主动。在小组讨论环节，你需要积极参与讨论，并结合自身的优势表达自己的观点，提供有说服力的论据或解决问题的方案，推动小组讨论达成一致意见。只有积极主动，才能获得面试官的关注和好感。当然，也不能过度表现，不要滔滔不绝，不给别人说话的机会，不要不友好地打断别人讲话，有时候说得越多，错得越多，起到反效果。

5）时刻保持微笑与自信。小组内部意见不一致时不要争论，要保持小组讨论的和谐。时刻保持与小组成员的友好沟通，倾听并理解别人的观点与理念，并始终保持微笑与自信。

6）注意表达的逻辑性。面试官通常不会特别关注小组成员表达的具体内容，关注的是应聘者的表达是否条理清晰、是否有逻辑，借此考查应聘者的经验和能力。

3.5.3 辩论的策略与面试技巧

辩论是针对一个辩题，双方旗帜鲜明地提出自己的论点，并用严密的逻辑论理，驳斥对方观点，从而进一步确立己方论点的一种语言实践活动。通常由6～8名应聘者组成正反方两组，针对面试官给出的辩题，在特定的时间内（一般是60分钟左右）依据规则进行辩论。在辩论过程中，辩手不仅需要考虑如何证明己方的观点，还要考虑对方可能会有什么观点，提前思考去反驳对方。辩论主要考查应聘者的团队协作能力、逻辑思维能力、语言表达能力、随机应变能力等。

（1）**辩论的流程** 辩论的基本流程如图3-2所示。

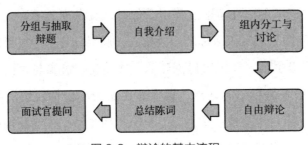

图 3-2　辩论的基本流程

1）分组与抽取辩题。面试官会先介绍本次辩论的评委、辩论规则以及纪律,接着应聘者在助理面试员的引导下进行分组,每组派一个人抽签,根据抽签结果,确定正反方(个别情况下也可能是面试官直接指定正反方)。

2）自我介绍。正反方小组成员分别进行自我介绍,一般每人1分钟,整体耗时6～8分钟。

3）组内分工与讨论。各小组成员依据抽取的辩题进行角色分工,商讨组内成员的发言纲要,一般为10分钟左右。

4）自由辩论。正反双方展开自由辩论,一般耗时15～20分钟,面试官观察每个人的表现并记录,但不干预辩论过程。

5）总结陈词。双方各选派一名代表进行观点总结,耗时1～2分钟。

6）面试官提问。面试官针对辩论赛的表现进行提问。如"请你对×号的表现进行评价""你认为本场辩论赛谁表现最好""你认为哪方会获胜",等等。

(2)**角色分工及职责**　一场辩论,通常包括五个环节:立论、驳辩、质辩、自由辩论、结辩。

关于角色,通常是正方先发言,负责正方立论环节发言的辩手通常被称为正一;接着是反方发言,负责反方驳辩环节发言的反方辩手通常被称为反一；正反双方结辩环节的辩手通常被称为正三、反三（如果是 8 人成组，则为正四、反四）。正二、反二参加质辩与自由辩论环节。

（3）**辩论的特点** 辩论通常有以下三个特点：

1）观点的对抗性。在观点的选取上攻辩双方所持的观点往往是针锋相对的。①是非类。例如：金钱是万恶之源/金钱不一定是万恶之源，勤奋是成功的唯一途径/勤奋不是成功的唯一途径，等等；②正反类。例如：人性本善/人性本恶，选择越多幸福就越多/选择越多幸福就越少；③选择类。例如：注册会计师行业自律比外部监管更重要/注册会计师外部监管比行业自律更重要，会计凭证的合规性比真实性更重要/会计凭证的真实性比合规性更重要，等等。

2）语言的对抗性。表现为辩论过程中攻辩双方语言上的直接交锋、短兵相见、唇枪舌剑，呈现出一种剑拔弩张的对抗状态。

3）情绪的对抗性。在辩论的过程中，双方都为了论证己方观点的正确性而据理力争，为保证己方的胜利而投入全部的情绪，与对方始终保持对抗状态。

（4）**辩论技巧与注意事项**

1）理解辩论各环节的角色分工及要求。在立论环节进行我方观点陈述时最好的状态是思路清晰、观点明确、论据翔实；在自由辩论环节时最好能够针对对方的陈述，提出新的观点和论据，一定要言之有理，但不一定非要为了辩倒对方而生硬辩论，并不是讲的越多，成绩越好；最后结辩环节进行总结陈词的辩手一定要找组内总结能力强、表达能力强的那个人。

2）辩论面试考查的是应聘者的团队协作能力。领到辩题之后，组内准备应该围绕明确立场、整理论点、搜集论据、角色分工等几个方面进行，由于时间紧张，审题查资料时最好有个分工，队友之间充分交流、协作。

3）辩论面试考查的是应聘者的逻辑思维能力。小组讨论时，要全面地分析己方观点和对方观点。开篇立论时，对己方观点进行逻辑证明。组内成员需要确定一个标准和主线，开辩之后所有的观点输出，一定要牢牢守住这个标准和主线。

4）辩论面试考查的是应聘者的语言表达能力。语言表达在任何时候都很重要。辩论过程是一个激烈的对抗过程。辩题本身并没有绝对的谁对谁错，比的就是谁的语言表达更有说服力，立场鲜明、思路清晰、简短精练，而又具有很强的攻击力的语言，并辅之以丰富的肢体动作，更能增加你的说服力与感染力，更容易受到面试官的赞许。

5）辩论面试也考查应聘者的随机应变能力。在辩论阶段，每一位成员一定要认真聆听双方每一个人的发言，善于抓住对方逻辑和语言的漏洞，并直接打击。如果对方用举例的方法去证明观点，你就需要思考这个例子是否片面，是否有特殊背景，有没有普适性。如果对方提到一些数据，那么你应该去思考与质疑数据的真实性、准确性、适用区域等。在辩论过程中，如果发现自己出现了明显的错误，最好趁对方还未发现，主动承认，这样可以避免受到对方的反驳，又因为主动认错而显得心胸宽阔，消除对方的戒备心理。

6）注意攻守兼备。辩论场即战场，在辩论中经常出现两个极端：一是只知进攻，结果争来辩去，始终围绕在自己一方进行，对对方的观点根本不构成任何攻击力；二是只知防守，只对对方提出的问题进行回复，没有正面对对方的论述提出问题，这样做的结果往往是无法攻破对方的防线。

3.6 常见的面试题

3-1：请自我介绍一下

这是面试中最常见的考题。自我介绍实际上就是自我推广，要把面试官当成你的"客户"，尽量让其满意，在很短的时间内尽可能充分地表达出来自己应聘这个职位的理由。自我介绍时要注意以下几点：

（1）介绍的内容要与个人简历一致但不完全一样　不要背诵简历，实际上，面试官最看重的是应聘者能否胜任工作，包括：你最强的技能是什么？你对哪些领域有较为深入的研究？你的个性与应聘的岗位是否匹配？你做过的最成功的事情是什么？你取得过的最主要的成就有什么？这里有些与学习经历有关，有些与学习经历无关，应聘者需要突出展现积极的态度和做事的能力，并能够让面试官相信。

（2）表述方式适当口语化　口头语与书面语是有区别的，当写好一个书面的东西，不是读而是说出去的时候，就要口语化，比如：发言稿是要说给大家听而不是念给大家听，就要口语化；演讲稿要说给大家听也要口语化。口语表达的基本要求是清晰、流畅、响亮。清晰，就是要让听者知道你在说什么，让人听明白。流畅是与不流畅相对应的。所谓不流畅，就是说话时用词不当、词不达意，或与人交流时逻辑思维混乱，又或者由于紧张而引起结巴等。有的人说话时喜欢说"这个、这个"等无意义的词汇，还有的人喜欢每句话用"啊"做结尾，让人听起来很啰唆。响亮就是说话要让人听得清楚。

（3）内容精练　自我介绍要短小精悍，要让面试官看到你的自信心。要切中要害，不谈无关、无用的内容，应该充分表达出你对这个职位的理解和渴求。

（4）**条理清晰** 自我介绍要有条理，有层次，有主线，不能想到哪儿说到哪儿。

（5）**神情自然** 不能有背诵痕迹，你可以预先模拟，先以文字的形式写好大致的思路，然后脸对镜子以口语化的形式表述出来，多练习几次，保持神情自然，不刻板、不紧张。

（6）**回答要有礼貌** 可以在回答问题之后说一句"谢谢您的提问"，招聘方喜爱有礼貌的应聘者。

3-2：你有什么业余爱好

回答这类问题的基本原则如下：

1）很多大公司都把这一问题作为结构化面试的重要内容，业余爱好能在一定程度上反映应聘者的观念、性格和心态，这是招聘方问该问题的主要原因。因此，应聘者的业余爱好最好能与应聘的职务有一定的关联。

很多应聘者以为，回答这个问题只是在和面试官闲聊。甚至部分面试官在得知应聘者的兴趣爱好后，还会聊一些更具体的事情。因为应聘者的兴趣爱好可以反映出其性格和职业发展倾向。此时可以回答一些兼顾速度和平衡的运动，会比较容易获得认可。

2）既然是业余爱好，应该尽量是业余时间去做的，不会对正常工作有干扰。

3）应聘者的业余爱好可能不止一个，但在回答面试官的这个问题时，应聘者最好告诉面试官一个与应聘的岗位匹配度最高的业余爱好。应聘者要抓住每一个机会，表达自己适合这个岗位，是这家公司的最佳人选。

4）应聘者当然还可以有一些户外的、具有社交属性的业余爱好，来维护自己的团队合作的形象。比如唱歌、打球、爬山等。

请尽量不要回答：

1）"我是一个'工作狂'，我没有什么兴趣爱好。"在面试官看来，没有任何兴趣爱好可能表明应聘者性格孤僻，不懂得平衡生活与工作，或者缺乏激情，难以相处，很难融入团队。

2）"我喜欢炒股票。"尽量不要回答可能会占用工作时间的爱好。

3）"我喜欢打游戏、扑克牌（麻将等）。"这确实是很多人的休闲活动，但不应把它称为"兴趣爱好"，除应聘游戏公司外，这种回答会让面试官觉得应聘者太不上进。

3-3：你最崇拜谁

回答这类问题的基本思路如下：

1）最崇拜的人能在一定程度上反映你的价值观和世界观，这是面试官问该问题的原因。

2）最崇拜的人最好能与自己所应聘的职位或公司有某种关联。比如某一位财会领域的标杆人物，并简单陈述你崇拜他（她）的理由，表现出你对该职位的浓厚兴趣，展示你的价值观或理想志向。

3）崇拜实质上是对自己未来的期许。崇拜一个人最主要的原因是他具备某种你不具备但很想拥有的品质。因此，你可以说出为什么崇拜他（她），受到了他（她）的哪些品质、思想的感染和鼓舞。

请尽量不要回答：

1）"我没有什么崇拜的人，我只崇拜自己。"

2）"我最崇拜××（虚拟人物）。"

3）"我崇拜××歌星、影星，他（她）潇洒、随性，想干什么就干什么。"财会招聘，要的是稳重、讲原则、精打细算。

　　4）"我崇拜××（一个明显具有负面形象的人）。"

3-4：你的座右铭是什么

　　座右铭是人们激励、警诫、提醒自己的格言。回答这类问题的基本思路如下：

　　1）座右铭能在一定程度上反映你的人生观与价值观、理想与心态，这是面试官问这个问题的主要原因。

　　2）座右铭最好能反映出自己的某种优秀品质。

你可以说这些座右铭：

"不为失败找借口，只为成功找方法。"

"失败不是成功之母，对失败的思考才是成功之母。"

"苦难不是财富，对苦难的思考才是财富。"

……

请尽量不要回答：

　　1）强调个人英雄主义的座右铭。如"走自己的路，让别人说去吧。"这确实可以作为座右铭，但是在特定的背景下说的，不是什么公司都适用，在应聘的时候这么回答，会让面试官觉得你缺乏团队协作意识、不服管。类似的还有："喜欢你的人，不管你做什么都喜欢你，不喜欢你的人，不管你做了什么讨好他的事情，他都不会喜欢你""问心无愧就好，何须在意他人言"，等等。要知道，公司是一个团体，没人能够独来独往，你需要与他人合作。你的一言一行，还是需要在意他人的看法的。

　　2）容易引起负面联想的座右铭。如"好花不常开，好景不常在""花无百日红，人无千日好""无论是谁，只要他还活着，你就不能说他是幸福的",等等。

3-5：你为什么选择我们公司

回答这类问题的基本思路如下：

1）面试官需要了解你对此项工作的态度、求职动机、个人愿望。这是企业非常关心的问题，所以你应该正面、积极地阐述你对加入该公司的热切期望。

2）你在回答这一问题时表现出对公司的了解越深入，面试官对你的印象就越深刻，评分也就越高，录用你的可能性也就越大。建议从行业前景、企业发展和岗位匹配度这三个角度来回答。你可以着重提及该公司在业界的良好业绩和口碑，公司未来的发展机会令你很有动力，公司与自己的职业发展规划契合。

3）切忌贸然提及公司的福利待遇，比如"我听说公司的福利待遇很好，所以我就来应聘了啊"。

3-6：你有什么职业规划

这是你表现自己的工作热情，以及愿意与公司荣辱与共的好机会。你可以先列出一个相对宏伟的长期目标，然后再制订详细的五年成长计划，例如可以这样回答：我立志做一名专业的财务咨询师，为了实现这一理想，我计划在一年内拿到CPA，再过两年成长为一名业务经理，争取五年后成长为一名高级经理。

这是面试中的常见问题，主要通过询问你对工作的具体目标，考查你是否自信，做事情是否有计划、有激情，以及是否对成功充满渴望。

请尽量不要回答：

1）"我想一年后考研究生，丰富我的知识面。"在工作的前两年里，你创造的价值可能远远不能弥补公司花在你身上的培训费用。因此这种回答会让面试官觉得你是来公司接受再教育的。

2）"我会在行政部工作两年，然后我希望可以转去财务部，最终成为一名 CFO。"这种回答显示出你的职业定位不明晰。行政和财务两个部门的工作性质和工作内容，以及对员工的能力的要求差别很大。

3）"我希望几年后坐上总裁宝座。具体的成长路径我现在还没考虑清楚。"虽然"不想当将军的士兵不是好士兵"，但是这种回答有些不切实际，只会让人觉得你好高骛远、志大才疏。

3-7：你如何看待失败与成功

你可以回答：

"成功是我们努力的方向，失败是我们的必经之路。"

"失败是成功之母。"

客观地说，这些回答都没有错误。但是，如果你仔细分析就会发现，这些答案的思维是趋同的。那么，还有没有更好的思维方式和回答方式呢？答案肯定是有。这种思维方式就叫：逆向思维！

如何使用逆向思维来回答这个问题呢？

以"失败是成功之母"为切入点，介绍两种与别人不同的回答方式：

回答方式一："失败是成功之母"虽然是关于失败与成功最为经典的说法，但我认为，我们不能让"失败是成功之母"成为自己失败的理由和借口。

回答方式二："失败是成功之母"，真的对吗？我认为失败不是成功之母，对失败的思考才是成功之母；苦难不是财富，对苦难的思考才是财富。

3-8：请说说你在过去的工作中经历过哪些成功与失败

面试中回答这个问题的总体原则是展现自己优秀的素质，分析成功的因素，总结失败的原因，从失败中吸取教训。

可以从思想、作风、学习、品德等多个方面进行分析，可以给出具体事例，比如成功举办了某些活动，成功完成某项任务，参加了某些竞赛取得了什么样的成绩，等等。

思想方面。在工作中注重综合素质的磨炼，时刻以"信念过硬、政治过硬、责任过硬、能力过硬、作风过硬"的标准来要求自己，向领导、同事学习，努力让自身适应工作环境，并取得了不错的提升。

作风方面。始终秉承着"有为才能有位"的思想理念，要么不做，要么就把事情做到最好。在工作中，任劳任怨，不怕苦不怕累，主动钻研工作，较好地完成了领导交办和职责范围内的各项工作任务，得到了大家的好评和认可。

学习方面。一方面，注重专业知识和业务知识的钻研，对知识"求精、求深、求专"。另一方面，为了提高工作效率，主动学习各方面的知识，提高自身综合素质。比如，人际交往技能、业务知识应用等。

品德方面。干一行，爱一行，将有限的精力集中在工作上，集中精神把工作干好。努力做到"惜时如金、奋发如木、包容如水、激情如火、谦逊如土"，摒弃懒惰、消极的工作态度，担当作为，奋发有为。

对于失败的事例，也切不可轻描淡写、避重就轻，要实事求是，针对某个特别的失败事例，也认真总结失败的原因。不要说"经常性地主动加班，疏忽了对家人的陪伴"等这类说不清是批评还是表扬自己的话。

3-9：请说说你做过的最自豪的一件事是什么

面试前，你应该充分准备几个自己经过拼搏取得成功的例子，在表述时要尽量贴近该公司的价值观。比如应聘内部审计类职位，可以陈述"经过千辛万苦审查出某些重大风险隐患或重大舞弊"的经历和心得；应聘管理培训职位，可以陈述做学生会干部时策划、组织、协调某一大型学生活动的经历。这是外企面试中问得很多的问题之一。这个问题主要是想考查你的领导才能以及分析、解决问题的能力，同时也可以考查你的价值观。

既然是"最"，答案只要一个就可以，但这个问题的回答是开放式的，每个人的答案可能各不相同。比如：

我在大学中获得过市级优秀学生，我获得过全国学术竞赛奖项，我在工作中获得过优秀创新成果奖，我曾经冒险救了一个人，等等。

错误回答：

"我成功的例子有很多，例如××，××。"

如此陈述不分主次，也说明你对"成功"没有一个成熟的标准。一大堆成功案例的堆积，可能会让面试官记不住你最重要的成功例子。

3-10：你觉得自己最大的缺点是什么

"你的遗憾是什么""你性格上有什么弱点"这类问题在面试中屡见不鲜，相当多的应聘者容易在这类问题上减分。对这个问题的回答当然是因人而异，但你必须认真对待。面试官问这类问题，实际是考查你的自我认知以及道德诚信等。

对于这个问题，各方人士意见纷纷，莫衷一是。据统计，不同的企业对这一问题的回答有着不同的判断标准。比较大众的回答方法是：找一个不会对应聘职位构成明显威胁的缺点来回答。比如可以说：

"如果我对人或事有不同看法，会直接提出意见，导致与部分前同事偶尔关系紧张。"这可以说明你比较有主见、有原则。

"我准确性有时不够，有时比较急。"这虽然是缺点，但也说明你完成工作的速度较快。

"我缺乏社会经验，但会踏踏实实地向同事学习，不断提高。"实际上大部分应聘者都缺乏经验，有些外企甚至把这个回答作为应聘者的优点，因为这样的应聘者可塑性很强。

"对工作中遇到的困难，自己琢磨的多，向同事或领导请教的少。"这虽然是缺点，但是说明你独立完成工作的能力较强。

"我什么知识都想学，但都没有学精。"这虽然是缺点，但是说明你比较爱学习，知识面比较广。

必须强调的是，在阐述自己缺点的时候，一定要诚恳，说完缺点之后可以接上自己的改进措施，展现自己及时改正错误的态度。不要故作聪明地把明显是优点的特点说成缺点，这样面试官可能会觉得你不真诚。

3-11：你最受打击的事情是什么

这个问题看似是要引出你的弱点或失败经历，但是若能巧妙回答，也可以转化为强调自己有较强的心理承受能力以及良好的分析处理问题的能力。通过这种问题，面试官想了解的是你对挫折的承受能力以及自我调解能力。

对于这个问题，我的建议：

第一，不要选择过于私人或过于负面的经历。例如，不要谈论家庭纷争或有重大遗憾的事件。

第二，强调你如何从挫折中学习和成长。可以分享你如何超越困难或失败，并概述你所学到的关键教训。

第三，结合面试相关的经验和职位要求。可以回答一个与工作相关的挫折，比如失败的项目或与同事或客户的沟通问题，并阐述你如何从失败中吸取教训，改进自己的方法和表现。

以下是一些回答示例：

1）我最受打击的经历是在大学期间尝试创建一个创业公司，但最终失败了。我从失败中学到了如何更好地了解目标客户和市场需求，并将这些经验应用到我的职业生涯中，帮助公司更好地了解客户需求和市场趋势。

2）我曾在以前的工作中遇到一些挫折，例如困难的团队合作等。我学会了如何更好地规划和组织我的工作，并与同事建立更好的合作关系，以确保共同完成项目。

3）我认为最受打击的经历是一个客户对我们团队的服务不满意，并给我们的服务"差评"。我对此感到非常失落，但我开始探索客户不满意的根本原因，并采取措施改进我们的服务和沟通，这最终使我们与该客户建立了长期的合作关系。

总之，回答这个问题时请不要太过消极，而是将其视为一个学习和成长的机会。

请尽量不要回答：

"我基本上没受到过什么打击，一直都很成功。"没有人能一直很成功。招聘单位不是温室，他们并不想培育幼苗，他们想要的是你"雄关漫道真如铁，而今迈步从头越"的信心和决心。

不要大力宣扬自己的感情挫折，也许这是你的真实经历，但面试官显然更想听听你在工作、学习中所遇到的困难，以及你是如何成功化解它们的。这样回答可能会令面试官担心：假如录用了你，你的下一次情感波动会不会影响工作？

3-12：你期望的薪酬是多少

这是面试中一个很难回答的问题。面试官想知道你对自己的能力和价值的评价，同时也想知道自己开出的薪资是否能够达到你的期望。面试官问你期望的薪酬，并非要和你讨价还价，也不代表他已经想录用你。

对于这个问题，各个公司期待的答案不太一样。应聘顶级咨询公司，如果你开出的薪酬过低，一般就会失去下一轮面试的机会。因为面试官会觉得你不够自信，同时也会看低你的人力资本价值；如果你开出的薪酬略低于企业最终能够提供的水平，则会被认为能够吃苦耐劳、乐于奉献。比较合适的回答是：薪酬不是我选择职业的第一考虑因素，相反我更在乎公司给予我的成长空间和机会。如果面试官一再追问，一定要你说一个具体的数字，可以根据面试前你对该公司及其所在行业整体薪酬水平的了解，给出一个大致的范围。当然，也可以反问对方："您有没有为这个职位设定一个薪酬范围？"

请尽量不要回答：

"依公司规定，能给多少就给多少吧。"这样回答，往往是对行业了解不够或缺乏自信的表现。

3-13：谈谈你对所应聘岗位的工作性质、职责和要求的理解

可以根据岗位任职资格与你对工作职责的理解，结合具体拟应聘的岗位回答。

3-14：你为什么应聘该岗位？应聘该岗位你有哪些优势与劣势

关于"你为什么应聘该岗位"的回答，请参考"你为什么选择我们公司"的回答思路。

至于"应聘该岗位你有哪些优势与劣势"，这个问题需要依据个人情况，结合具体应聘岗位回答。

3-15：所应聘岗位目前存在哪些应该改进的地方

这类题一般是试用一段时间以后再面试时才问的问题。否则的话，就是一个"陷阱"，因为你没有办法回答。如果你硬要回答，肯定就会漏洞百出。当然你可以这样回答："我只有在接手这个岗位后，才能根据实际情况调查分析需要改进的地方。"这样会给面试官留下你不爱空谈，是比较注重实际的稳重型人才的印象。

类似的面试题有：

1）你应该怎么做才能使该岗位存在的问题得以解决？

2）你有什么办法能够使该岗位的工作更进一步？

3-16：如果应聘岗位成功，你有何打算

对于这一面试题，你可以参考以下回答：

1）我将会积极地学习岗位所需要的各种知识，尽快担负起岗位责任，尽快投入工作角色。

2）在工作当中，我将会虚心地向各位同事学习，努力地融入公司这个集体，为自己今后的工作创造一个有利的工作环境。

3）在工作方法方面，我会从大局出发，灵活地处理业务，使自己能够更好地完成本职工作。

3-17：对于这个岗位，你有哪些可预见的困难

这类问题可以归为"陷阱问题"。回答这类问题的时候，如果你认真地按照问题的设定思路去作答，结果就是说的越多，效果越差。那么这个问题的陷阱在哪里呢？按照问题设定，你需要回答的是工作上的困难，这反映了什么？反映了你对自己能力的不自信，潜意识中认为自己胜任工作是有难度的，换句话说，应聘这个岗位，你是有短板的。如果你按照这个设定老老实实地答出了一些具体的困难，那么，在面试官看来，你很可能不是最合适的应聘者。所以，遇到这个问题，首先要想的不是有哪些困难，而是怎样藏拙。

回答这类问题的基本思路如下：

1）不宜说不会有困难。行业的资深员工都不敢说工作中没困难，这么回答本身就有些不真诚，容易给面试官留下不好的印象。

2）不宜说出具体的困难。因为你并没有调查，尚不了解实际情况，不能想当然地说出具体的困难，那样很容易会被面试官追问。

3）可以尝试迂回战术，即避重就轻，绕个弯子来回答，说出你对可能面对的困难所持有的态度。你可以这样回答"具体会遇到什么困难我目前还不太清楚，因为还没有实际去做，没有接触到真实的情况，现在空想很可能不切实际。但是不管遇到什么样的困难，总是能想办法去解决的。如果是业务处理上的难题，可以自己努力攻克，并积极求助同行；如果是管理上的困难，可以认真调查，分析原因，虚

心讨教，寻找切实可行的改进方法，必要时求助领导协调，等等。总之，虽然具体困难不好预见，但请领导放心，我有信心解决工作中遇到的困难"。

3-18：如果你被公司录用，你将怎样开展工作

与前面那个问题的回答思路类似，基本思路如下：

1）如果你对应聘的职位还不太了解，最好不要直接说出自己开展工作的具体办法。

2）可以尝试使用迂回战术来回答，如"我会先听取领导的指示和要求，并进行深入的调查与了解，尽快熟悉岗位要求与工作内容，并主动制订一份近期的工作计划，提交领导批准，最后根据工作计划开展工作"。

3-19：你作为应届毕业生，缺乏经验，如何能胜任这项工作

回答这类问题的基本思路如下：

1）面试官已经看过你的简历，仍然提出这个问题，说明招聘单位并不是真的在乎经验，而是想考查你的应变能力。所以，关键是看你怎样回答。

2）对这个问题的回答最好体现出你的敬业诚恳、机智果敢。谁都是从没有经验过来的。作为应届毕业生，经验不足是必然的，但你可以通过发挥主观能动性在最短的时间内弥补。

3）你可以这样回答："作为应届毕业生，在工作经验方面的确是从零开始，因此，在大学期间我也一直利用各种机会去实习，做兼职。我已经体会到，实际工作远比书本知识要丰富、复杂得多。我责任心强，而且比较勤奋，所以在实习与兼职中均能较好地完成主管交

办的各项工作,并从中获取了经验。请贵公司放心,我的适应能力和学习能力都比较强,只要给我一点儿时间,给我这个机会,运用在学校所学的专业知识,利用从实习与兼职所获得的少量工作经验,通过领导的指点,并虚心请教同事,我一定能很快胜任这项工作。"

3-20:你怎么看待加班

很多应届毕业生甚至在职场打拼多年的人对于这个问题都会直接从字面意思来回答,这是大错特错的。加班本身被绝大部分人所讨厌,也很少有真的加班非常严重的公司会直接在面试环节就告知应聘者自己公司的加班情况非常严重。面试官抛出这个问题更多是想从应聘者口中听到关于个人性格、品质的信息,比如吃苦耐劳和抗压能力。

这个问题比较理想的回答是:"首先,我个人不拒绝加班。因为我认为一切与工作相关且有意义的事项都值得每一位职场人付出自己的时间和精力。其次,我认为一些工作值得加班来处理,想必一定是重要、紧急且难度较高的,我的性格像弹簧,有压力才有动力。相比困难,我更怕安逸,因为安逸会让人失去方向。同时,我也会想办法提高工作效率,尽量减少不必要的加班。"如果你是面试官,是不是会觉得这个回答还比较令人满意呢?

3-21:可以跟我介绍一下你的家庭情况吗

好多人听到这个问题都会感到疑惑,心想我来应聘工作,与我家人有什么关系,于是有的人会拒绝回答。当然这种人比较少,大多数人会简单介绍一下家庭成员。其实通过这个问题,面试官除了想了解应聘者的家庭情况外,另一个目的就是判定应聘者的职业稳定性。

比如，一个应聘者是外地人，独生子女，父母年迈或身体状况欠佳，将来可能会因为家里的事情而回老家发展；或者应聘者家庭经济状况欠佳，且兄弟姐妹较多，甚至好几个弟弟、妹妹还在上学，那么这个人可能会非常渴望薪酬的提升，如果岗位或者公司给不了足够的提薪幅度和频次保证，这个人可能容易跳槽。

对于这个问题当然要尽可能如实回答，谎言解决不了问题，但回答是有技巧的。例如，独生子女家庭可以从与父母关系融洽、自己的人生规划明确，父母思想开明，对自己的想法充分尊重和支持的角度作答。而家庭经济条件比较差且兄弟姐妹众多的也可以坦诚表示自己的经济需求比较迫切，因为这是不可推卸的家庭责任。同时深知，收获是需要付出努力的，自己一定会通过优异的工作表现去获得待遇的提升。

3-22：你还有什么问题需要问我吗

这是面试收尾环节的一个问题，并且也是很常见的面试题。这也是一个变被动为主动的关键环节，如果你问得好，有时候甚至能刷新面试官对你的认识，让你从众多的候选人中脱颖而出。但是如果问错了，或者问问题不够专业，就会给面试官留下不好的印象。

你需要在参加面试前想好这类问题。除了能让你在面试环节中表现突出之外，其实提问环节更重要的作用是帮助你决定是否要来这家公司工作，毕竟招聘是双向的选择，所以你必须准备一些能够帮助你做出决策的问题。

在面试前你要进一步了解你所应聘的公司和部门，可以通过官网、新媒体等方式去详细了解。在准备问题的时候可以稍微结合一下公司的情况，会显得你比较有诚意、有准备。

有些问题是不能问的。通常能在百度上找到答案的问题不要问。比如，公司是做什么的？公司产品的主要功能是什么？这些问题都应该事先搞清楚。再有，转岗轮岗相关问题不能问。如果还没进来就考虑转岗，说明你的职业规划不清晰，而且稳定性较差，所以不建议问这类型的问题。

你所问的最好是能让面试官对你的好感翻倍的问题。比如：①公司对这个岗位的期待是什么？公司在未来 1 年和 3 年想要达成哪些目标？②部门／公司这一年的目标是什么？我面试的岗位对目标的完成有哪些影响？③公司未来的发展方向是什么？（面试官如果是老板。）④公司的企业文化是什么样的？⑤公司对员工有什么样的培训计划？公司会给员工提供什么学习资源？

通过这些问题，你不仅可以进一步了解所应聘的公司，判断其是否和自己的职业规划相吻合，也可以向面试官勾勒一个立体的形象——你是一个关注公司的成长和发展、有挑战力、有目标驱动力的人，一个有团队意识、有格局观的人，一个思虑周全、足够稳定的人。

3-23：案例分享——D 先生对两位应聘者面试前后的评价对比

D 先生是我的好朋友，在国内的一家上市公司任财务经理，他也常担任这家公司的招聘面试官。有一次，D 先生面试了两个人，这两个人的申请资料很有代表性。

小华是一个漂亮聪明的女孩，某名牌财经大学研究生毕业，在她的申请资料中，她填写的应聘这家公司最重要的原因是，她和爷爷特别亲，爷爷当了一辈子小会计，经常给她讲一些会计小故事，可是爷爷后来得了老年痴呆症，去世前已经不认识她了，爷孙不相识的痛苦有时让她从梦中哭醒，并让她下定决心继承爷爷的财会事业，决心做个好会计。因为D先生的父亲也是老年痴呆症患者，D先生特别理解小华的感受。小华不仅申请资料写得好，还有卓越的音乐才能，曾在大型活动中表演过，给D先生的第一印象超级好。

小张是一个皮肤较黑、个子中等的男孩，省级重点综合性大学财会研究生毕业。相对于小华，小张的申请资料写得枯燥无味，基本没什么让人记忆深刻的点。简历上除了很好的学习成绩，特别吸引人的经历不多。小张给D先生的第一印象很一般。

接下来是面试环节，D先生说，他通常会问三大类问题，来判断应聘者是不是他所在的公司所需要的人才。

第一类：你为什么要应聘我们公司，你对本公司有怎样的了解？

第二类：你和他人的沟通能力怎么样？

第三类：你的智力水平以及创造力怎么样？

大多数情况下应聘者需要根据切身的经历来回答问题，或者说应聘者要用自己的故事来回答。

这里重点聚焦于第二类问题的六个小问题：

1）你最喜欢做的事情是什么？

2）发现有人财务造假，你会如何处理？

3）你做过的让你最后悔的事情是什么？

4）你的强项是什么？什么对你最有挑战性？

5）课外活动中，你最骄傲的事情是什么？

6）请分享你曾被人误解的故事。

从对这六个问题的回答情况，面试官就能对应聘者的喜好、品格，是否自信、坦诚、大气、宽容等有所了解。因此，应聘者怎样组织语言，怎样用声音和肢体动作讲好故事，就变得异常重要。

面试后，我问D先生对这两个人的评分如何，他说他都给了很好的评价。

我有些困惑:"我还以为小华的得分会比小张高很多呢。"

D先生解释道:"给他们两个人面试完之后,我对'人不可貌相'有了更深的认识。小华的文字表达确实优秀,面试时反应很快,这是加分的地方,但她说话时无论从声音还是表情都感受不到她的情感,语速很快,好像急着把自己闪光的东西一下子都说出来一样,很干练。跟小华说话,我想快点结束,好像她还有更重要的事情要去做一样。我的感觉是,她跟人相处可能会很强势,和我印象中那个非常重情、温暖的人有很大的反差。"

D先生接着说道:"小张的表现让我非常意外,虽然他在文字方面的能力远不如小华,但是说起话来自然、流畅、温和,看人的眼神很真诚,从他回答问题时所讲的内容中可以感受到他的耐心、善良和大气,与他交流时感觉很舒服,没有任何负担。小张给我的感觉是他会是一个好会计、好同事。"

小华文字表达能力强,在通过简历给人良好的第一印象方面很有优势。小张语言表达能力强,面对面交流时,会用声音、肢体语言、情感来配合,弥补了写作上的弱势。

那么,小华和小张的写作与面试能力,是怎样影响D先生的评分的呢?我们来看看D先生"评价过程"的变化。

对应聘者小华的评价见表3-1。

表3-1 对应聘者小华的评价

面试前印象	面试后印象
简历:文字表达能力非常好	面试表现:①性格干练,技术上会是一个好会计;②略显强势
感觉:欣赏	感觉:正面,但没有预想的好

对应聘者小张的评价见表 3-2。

表 3-2　对应聘者小张的评价

面试前印象	面试后印象
简历：文字表达能力一般	面试表现：真诚、自然、有耐心，会是一个好会计
感觉：勉强	感觉：很不错，比预想的好

文字和语言表达能力将成为我们求学、就业、处理复杂关系时的重要帮手，而这些能力的培养，是个人不断历练、日积月累的结果。

本章总结

本章对财会面试的一般知识进行了较为全面的阐述。包括：①如何准备个人简历。②如何保持良好的心态。③如何冷静地回答面试官的问题。④如何给面试官留下良好的第一印象。⑤财会群面的策略与技巧。⑥常见的面试题。

CHAPTER 4
第 4 章

一般财会岗位面试实战：
详情与真题

财会岗位是把各种类型的单据变成财务数据的主力军，有负责审核、付款、整理、装订归档单据的，有负责把单据录入财务软件变成电子数据的，有负责成本核算的，有负责固定资产核算与管理的，有负责系统维护的等。大部分岗位名称会把工作内容加上"会计"两个字，比如费用会计、往来会计、成本会计、资产会计、银行会计、资金会计、会计助理、会计文员，剩下的是财务辅助人员，岗位名称不带"会计"两个字，像出纳、系统管理员。

财会岗位的主要功能是加工处理基础数据，经常被一些业内同行戏称为"数字工人"。产线工人的劳动成果是产品，财务岗位的劳动成果是各类基础财务数据，差别在于前者在工厂的环境中工作，是体力劳动；后者在空调房里工作，主要是脑力劳动，偶尔也会有体力劳动，比如装订凭证，搬运凭证、账册等。

并不是所有名称带"会计"的岗位都是财务岗位，总账会计有基层管理岗性质，放在第 5 章"财务主管岗位面试实战：详情与真题"中阐述；小公司的财务部门只有会计和出纳两个人，会计就包揽了除了出纳之外的所有财务工作，是管理与会计技术的复合型人才，会计、主管、经理、总监都是他一个人，财务的大多数领域都会涉足，但是都不够深入。

岗位名称不过是称呼而已，工作内容能给单位创造价值，而自己也有所成长，才是最重要的。

随着科技的进步，做账机器人已经可以替代部分财务岗位，财务共享中心的普及更进一步占领了一般财务岗位。由于实施这两个项目投入较大，所以目前做账机器人和财务共享中心只存在于财力雄厚的大公司，还没有全面普及。但是科技的进步是日新月异的，也许在未来的某一天，成本突然降低，大范围普及的条件成熟时，会逐步蚕食一般财务岗位人员的生存空间。技术的发展使时代的更新速度越来越快。

曾经的诺基亚手机，多年霸占销售榜前五，以结实、耐摔著称。笔者曾亲眼见过一个同事的诺基亚手机从三楼摔下来，都散架了，拼装起来还能正常使用。国外也一直有用诺基亚手机挡子弹的闲谈。诺基亚待机时间也长，笔者曾亲测过，充一次电可以使用五天。智能手机出现后，像诺基亚这样的非智能手机，一夜之间从天堂跌到地下若干层。

还有个例子，修钢笔这个职业在二十世纪八九十年代非常吃香，中性笔出现之后，修钢笔这一职业逐渐走向没落，在大街上和学校里已经"绝迹"了。

曾经的央视"名嘴"张泉灵有句话说得很好：时代抛弃你的时候，连个招呼都不会打。不管你曾经多么声名赫赫，多么辉煌风光，只要你有丝毫的懈怠和不思进取，分分钟就会被淘汰。

时代的发展，科技的进步，注定会淘汰一部分职业。只有顺势而为，跳出现在的舒适区，努力提升，把自己变得强大，才能在不久的将来仍然有施展才能的舞台。

接下来，我们以一家中型公司的财务部为例，分项解读每个细分岗位的工作内容，并设定了一些面试问题。这些试题虽然不能涵盖财务面试所有的场景，但是可以供招聘方参考，甚至可以直接引用，同时也给候选人以指引。

4.1 出纳：专业技能和人品哪个更重要

4.1.1 专业技能和人品

出纳岗位重在专业技能和人品。

专业技能方面，重点考查单据处理能力和电脑的基本操作。移动支付没有普及之前，点钞是出纳最基本的技能，包括点钞速度和真假钞识别，要求仅凭手感鉴别出纸钞真假。因为并不是所有的单位都会配备验钞设备，即使配备了，这些设备也会有出故障乃至错误的时候。如果假钞没有被发现，出纳大概率要自己承担责任了。随着移动支付的大范围普及，现在去菜市场买一把葱都能扫码付款了，点钞的技能就没有之前那样重要了。

现阶段，出纳需要熟练操作各种收付款手段，包括移动支付、网银收付款、各种票据，还要会用电脑登记出纳账，这些技能难度不大，只要人不是太笨，能熟练使用电脑，经过几个月的学习，都可以轻松掌握。

由此可以看出，出纳岗位对专业技能要求不怎么高，一个初中毕业生，会熟练使用电脑，经过一段时间的培训，就足以胜任。不需要科班出身，也不需要很多的财务知识。曾经一个单位的出纳，入职前是初中的物理老师，经过一个多月的培训就能轻松胜任，一直做得很好。

人品不能一眼就看穿，必须经过长期观察才能了解，所以不能通过一两次的面谈就说某个人的人品很好，这无论对单位还是对应聘者来说，都是非常不负责任的。

很多公司的财务部门都有一个很奇怪的现象：出纳的工龄是所有财务人员中最长的，而且这个岗位很少面向社会招聘。不管财务部门里其他岗位的财务人员如何变动，甚至连财务负责人都多次变动，出纳仍然没有更换过，这是怎么回事呢？

出纳岗位的主要工作内容是跟钱打交道，面对可掌控的巨额资金，不动心是不可能的。心动和行动之间的风险，除了靠制度来管控外，还要靠人品。制度不能解决所有问题，当制度出现真空时，人品就显得弥足珍贵。所以在多数老板看来，与其相信一个看上去不错的，不如相信一个在公司工作多年的。他们宁愿多付一些薪水，也要保持出纳岗位的稳定。

面试中，可以通过应聘者的自我介绍，以及过往的经历问题来了解应聘者的人品，也可以让应聘者留下工作过的单位的联系电话，进行背景调查。在面试时，岗位红线一定要问，不管答案的对错，在入职之后都一定要反复强调。对于应聘者来说，三观正，没有不良嗜好，电脑操作熟练，明确出纳岗位的红线，就是最好的面试前准备。

至于专业技能和人品哪个更重要的问题，每个老板的看法可能并不相同。相信很多人不止一次地在社会新闻上看过财务人员挪用资金的案例。挪用资金除了人品问题的贪念作祟外，还主要由于财务人员有不良嗜好，如赌博，与自己的收入水平严重不匹配的高消费等。

这么多负面的消息被报道出来，作为老板会怎么想？前面说过，出纳岗位的专业技能要求并没有那么高，因此专业技能与人品相比，多数老板更看中人品，他们更愿意选择知根知底的、信得过的、绝对忠诚的出纳，因为他们不愿意承担试错成本，或者说根本承担不起。

笔者认为，对于出纳这个岗位而言，不贪、没有不良嗜好，远比专业技能更重要。

4.1.2　出纳红线

我们从事任何工作，都不能违反法律法规，但仅仅做到这些远远不够，还要坚守底线。尤其是出纳人员，有些红线不能触碰，轻则丢掉工作、赔偿损失，重则会有牢狱之灾。这里列举三条红线：

第一条红线：不得泄露秘密。由于出纳岗位工作的特殊性，会接触到一些其他人接触不到的秘密信息，口风严是最基本的要求。例如，有的单位工资保密，而出纳作为支付工资的直接操作人员，肯定有机会接触到全公司工作人员的工资表，如果泄露出去，可能就会有人心里不平衡，要么找老板要求加工资，要么就直接离职，或者加工资不成就离职。作为泄密的直接责任人，出纳人员肯定要受到处罚。当泄密带来的损失过大时，出纳人员会失去现有的工作，并赔偿经济损失，甚至会招致牢狱之灾。

第二条红线：未经授权，禁止支付任何款项。这里的授权是指两个方面，一是付款单据，二是付款操作。付款单据授权，就是各级领导在付款申请单上签字授权，或者在 OA 软件上进行电子授权批准。如果负责审批的领导不在，可以通过电话、微信或者其他方式授权的，等领导回到岗位后，即刻补办手续。因为大家工作都很忙，一旦时间拖久了，当事人不一定记得有这么回事。

付款操作授权是网银付款的二级、三级授权。现在的银行转账大多在网上银行操作。网上银行通常会有 2～3 个 U 盾，分别有付款与授权功能。实务中有的管理人员嫌麻烦，会把 U 盾全部交给出纳保管，付款时则是出纳操作全部功能，这就可能发生错误或者舞弊。

严格按照授权付款，是出纳必须坚守的红线。设置并严格执行请款、审批、付款、U 盾授权各个节点，可以有效保护公司财产免受损失。举两个我身边的案例。

第一个是我的亲身经历。这个案例发生在微信还没有全面普及时，公司将 QQ 群作为日常工作交流群，群昵称的格式是"岗位＋名字"。某天出纳问我，新建的三个人小群里，老板的指令是否属实。经过核实，群里只有老板、出纳和我三个人，只见老板不停在群里给出纳下指令，查一下账户有多少钱，然后转账多少钱到某个私人账户，而我却被全程屏蔽，根本不知道有这个群存在，也看不到群里的任何消息。意识到问题的严重性之后，我马上到老板办公室当面求证，得到的答复是他从来不使用 QQ，这个群肯定是骗子建的。试想一下，如果出纳没有得到我的授权直接付款的话，这个责任她承担得起吗？

第二个是发生在我身边的例子。经办人是某集团公司子公司的出纳，套路是一样的，在 QQ 上冒充领导。这次骗子冒充的是集团财务总监，下指令给子公司的出纳，要求付款到某个私人账户。巧合的是财务总监正在开会，不接听电话。很多同事劝阻这个出纳等一等，至少要有总监电话确认才能付款。这个出纳却坚持付款，谁劝说都不听。由于是从法人的私人账户付款到假财务总监指定的私人账户，没有二级、三级授权，款项很快就转出了。会议结束后，财务总监确认没有下达付款的指令。出纳此时才醒悟，马上就报警了。从出纳付款到警察去银行柜台，前后间隔只有10多分钟，转出去的钱被分拆成几十个账户多次转出。这种情况警察也爱莫能助。这笔款项一直没有追回。鉴于出纳在公司任职多年，老板只让她承担总金额10%的损失，没有深入追究其他责任。但因为总金额较大，即使是10%对她来说也是一笔巨款。

这两个案例都说明，坚持授权付款是多么重要。第一个出纳，坚守红线，避免了损失，第二个出纳，由于公司本身管理就不规范，没有执行请款、审批、付款流程，还把法人的私人账户违规当成公司账户使用，付款没有多级授权，出纳付款也是以往的习惯，再加上假财务总监不停地在QQ上施加压力，最终造成公司财产的损失。

第三条红线：发现异常必须立刻上报。出纳在付款前，一定要检查一下付款申请单的金额与所附的单据的金额是否一致，付款的内容是否有异常，一旦发现异常就要停止支付，并及时汇报，等确认无误后再操作付款。

一个做出纳的朋友告诉我，有一次他完全按照老板批准的单据付款，后来发现这个付款单据的申请金额小数点错位，附件的金额是正确的，造成款项多付。追究责任时，申请人承认金额写错了，各个审核人都说没有看仔细，老板说只签字不看，因为这些人都是老板的家族成员，出纳是已经离职高管的亲弟弟，没有任何背景。款项多支付的责任，全部由这个出纳承担，这到哪里说理去？这个案例有些极端，但是也给做出纳的同行提个醒，付款前一定要看清楚！

由于出纳工作的特殊性，我反复跟出纳重申，不管谁在财务负责人的岗位上，如果发现问题，而且有证据指向财务负责人，一定要越级汇报，这不仅是保护公司财产，也是保护自己。财务负责人一般有一定额度的付款审批权限，在制度规定的额度内，付款申请经财务负责人批准后，不需要再经过其他领导审批，就可以执行付款操作。按照这个规定，他人或者财务负责人本人提交规定额度内的付款申请，收款账户为财务负责人的私人账户，只要财务负责人签字批准，就可以把公司的钱转到财务负责人的私人账户。这一操作严格执行了公司的制度，但是明显不合理，此时出纳应该怎么办呢？找财务负责人肯定解决不了问题，因为问题就是他造成的，那就只能越级汇报了，而且必须在付款之前马上汇报。

坚守红线，在保护了公司财产的同时，也保护了自己免受损失。

4.1.3 出纳岗位的常见面试题

4-1：作为出纳，你认为哪些事情是不能做的

这个问题没有标准答案，主要考查你对岗位红线的理解。

每个老板的学识、成长经历等都有特别之处。有被非常信任的人欺骗过的，有被亲戚朋友算计过的，有在低谷时被别人踩过的。有过这些经历的老板通常疑心非常重，轻易不相信别人，待人接物有自己独特的判断标准，而且这个标准很可能与常人不同。

除了前文所列的三条红线外，应聘者还可以根据自己对出纳工作的理解回答，如果观点与老板的某个标准产生共鸣，那就是意外的收获。

面试成功与否，除了专业技能外，运气也占有一定的成分。

4-2：这里有 10 份单据，请帮我录入系统

主要考查应聘者的电脑操作技能。这是基本功，只能靠平时多努力，临阵磨枪不一定有效果。

这是在一次招聘出纳时，笔者给出的问题。有个应聘者之前的表现都很好，但在电脑操作方面就卡壳了。笔者让人准备了 10 份已经付款的单据，要求应聘者在出纳的软件系统中现场录入，软件操作界面已经打开，录入摘要、收付款金额就可以了，正常几分钟就可以搞定的事情，应聘者居然 30 分钟才录了不到 5 份。效率这么低，肯定不会被录用。

4.2 成本会计：创造什么价值

4.2.1 基本要求

成本会计，在制造业的普通财务岗位中含金量比较高，基础管理不到位的工厂更是如此。何以见得呢？虽然含金量没法量化，但是每个月到手的薪水是可以量化的，有的工厂，成本会计的薪水会高于其他普通财务岗位，甚至会高于财务主管。

高水平的成本会计，除了每个月出具准确的成本数据外，还要通过与历史数据的对比，以及经常到现场观察，了解仓库、生产管理状况，关注主要原材料价格变动情况等多方面信息，发现成本管理中的问题，自行推动或者在上级的协调下推动成本管理的持续优化。

成本的准确核算是最基本的要求，发现问题、协调解决问题是创造价值的空间，成本的持续降低是工作结果，也是创造的价值。

4.2.2 成本会计岗位的常见面试题

4-3：请介绍一下自己

生产制造型公司的成本核算主要有两种状态。

第一种是通过 ERP 系统进行核算。这类公司的成本核算方法已经确定，材料成本取自原料仓、半成品仓和成品仓数据，人工成本取自人力资源部提供的工资表，制造费用取自总账系统，成本模块已经设置好了制造费用的分摊比例。工作内容就是日常成本模块的维护、错误纠正和月度的成本核算。

这就要求应聘者对 ERP 流程比较熟悉，而且能熟练操作成本模块。市面上有很多种 ERP 系统，做到对每种系统都非常熟悉根本不现实。只要熟练操作一种系统就可以了，因为 ERP 软件的原理是相通的，只是操作上有差别而已。

第二种是手工核算，一般将 Excel 作为工具，实务中这种情况居多。这类公司，有的是成本核算有特殊要求，比如有的公司要求把固定费用单列，不计入产品成本；有的成本核算方法处在探索阶段，还没有确定哪种方法更合适；有的没有买到合适的成本模块；有的仓库台账是孤立的进销存系统，甚至还停留在用 Excel 统计阶段。

这种状态下，成本核算有很大的灵活性，仓库提供的进销存数据准确性较差，需要成本会计从仓库日常管理、车间现场管理，到物料流动数据化等进行全方位跟进，并督促仓库人员按照规定时间完成生产现场的退料、单据录入与审核记账工作。

无论是哪种状态，都有工作经验要求。应聘者除了要熟知各种成本核算方法及其应用条件外，还要有沟通协调能力、发现问题能力、过程控制能力，若有建立成本核算模型的能力会更好。

成本会计岗位对综合素质要求比较高，薪水也非常可观。应聘者在介绍自己时，要突出自己这方面的能力，如果可能，做一个系统总结，这样可以给面试官眼前一亮的感觉，提高面试成功率。

参考答案1：我从事财务工作3年，其中成本会计工作2年。熟悉用友U8的ERP软件，能熟练操作成本模块。我比较擅长建立成本核算模型，并推动实施，而且有成功的案例，某公司的成本核算模型就是我建立起来并推动实施的，一直沿用到今天。接下来介绍一下我的工作经历……

参考答案2：我从事财务工作3年，其中成本会计工作不到1年。虽然时间不长，但是可能因为工作习惯问题，我比较擅长发现成本核算中的问题，并想办法去解决。例如在例行编制某公司月度的成本报表时，发现材料的真实消耗严重超出标准消耗，我就去生产现场观察，发现边角料太多，操作人员反馈来料不合理。我向上级汇报后，在上级的协调下，通过采购、技术和供应商的共同努力，更改了供应商来料的规格标准，减少了生产过程中的浪费，材料消耗成功降低了两个百分点。接下来介绍一下我的工作经历……

4-4：你是怎么开展成本核算工作的

这是面试官在了解应聘者是主动工作还是被动工作，考查是否有可塑性，是否有进一步成长的可能。

参考答案：月初成本基础数据收集完成后，我先对数据的合理性进行初审，然后开始核算成本。成本结果出来后，与标准成本和历史数据对比，对偏差较大的项目，我会先检查核算的过程有没有错误，然后直接找现场人员了解情况，分析差异原因，提出改善建议并汇报给上级，得到同意后持续跟进整改情况……

较差答案：月初取数后，过入成本报表，自动得出成本核算结果，然后把成本报表交给上级就可以了。

这是在某次招聘时，一个有三年成本核算经验的应聘者给出的答案，给面试官的感觉不是成本会计，只是一个会计文员。

4-5：任选一段能体现你成本核算业绩的经历，介绍一下你对公司在成本核算方面的改善，说明整改前的状态、你的行动计划，以及整改后的结果

这是考查应聘者在成本核算方面的功力，也是对自我介绍中所擅长的工作领域进行印证，如果在成本核算方面没有业绩，根本回答不了这个问题。要是在自己擅长的方面，还是沿用前任的规划，没有发现任何问题，也没有做任何改善，这个"擅长"就很值得怀疑了。

回答问题时，一定要按照顺序来，先说改善前的状态，接着是你所做的努力，最后才是结果。经常遇到应聘者，回答问题时说着说着就跑题了，或者根本没有正面回答，面试的结果肯定不会好。

参考答案1：我在某公司工作时，该公司没有建立成本核算模型，前任将不含税销售单价乘以80%作为产品成本，剩余的成本项目结存作为在制品挂在账上，导致在制品金额越来越大。我接手以后，从了解订单类型、生产工艺、仓库数据准确性入手，结合多年的成本核算经验，并查阅相关资料、请教同行，经过多次测试，最后决定采用分批法核算成本，建立了成本核算模型，并沿用至今，经过几个月的调整，使财务账上的在制品数据与真实的库存数据基本相符。

参考答案2：我在某公司工作时，该公司的成本核算没有考虑在制品，当月的材料消耗以生产领料的数据为准，也没有考虑月底生产现场还没有使用的物料，生产现场从来没有做过假退料操作，导致实

际的材料成本与标准成本相比高很多。

了解到这个情况后，我经常到现场与生产的物料员沟通假退料操作的可行性，向生产计划员了解每月月底半成品数量变化情况，确认半成品采用约当产量法以及假退料可行。当我把这个建议汇报给上级后，上级协调之后达成共识。接下来我全程跟进，经过3个多月的努力，最终达成目标，与历史数据相比，公司的材料成本大幅度下降。

参考答案3：我在某公司工作时，发现该公司连续两个月的仓库盘点中"账实准确率"在99%以上，根据以往的经验，账实准确率能达到90%就相当不错了，所以该公司的成本核算方面可能存在一些问题。据了解，该公司的仓库管理并不好，初步判断要么是库存呆滞料严重，要么是做了假账。

通过连续查阅几个月的库龄数据发现，存放时间在3个月以上的物料占比非常小，那就是有做假账的嫌疑了。有一段时间我经常待在仓库，留心观察库管的现场操作，发现他们每天下午下班前1小时，会对物料进行抽盘，出现差异的马上用其他领料单领出，经过库管在系统审核后就完成调账动作，没有其他任何报批流程，这明显是在后台做假账。

我把了解到的情况反馈给上级，并建议把单据审核权限收归财务，否则仓库的数据真实性会一直有问题。经过上级协调，收回库管的审核单据权限，把这个权限转交给财务。

每周一，仓库必须把上周所有签字手续完整的纸质出入库单据及其附件送达财务，由财务的专岗人员核对纸质单据的手续完备性，并与系统中的数据一致，否则就不能通过审核。这一系列的要求执行后，第一个月盘点的准确率不到80%，这才是仓库管理的真实情况，产品成本中的"材料成本"项目，也明显降低。

4-6：你平时喜欢待在办公室，还是车间或仓库现场

没有调查就没有发言权，成本会计一定要了解工艺流程、现场管理状况和操作人员的素质情况，这些在办公室是没法了解到的，必须经常到现场走动。在与相关人员建立初步的信任后，他们才会说一些我们不知道的信息，否则仅在办公室闭门造车，不是合格的、负责任的成本会计。

参考答案：我每周都会抽出一部分时间，到现场了解物料存放、订单的饱和度、制度流程的执行情况等。经常会与库管、车间物料员等互动，他们有什么问题一般乐意跟我聊聊。

4-7：工作中遇到问题，需要车间、仓库协助才能解决，如果他们不配合，你该怎么办

这种情况在实务中经常出现。规范化要求要么增加了车间和仓库的工作量，要么影响了他们的利益，要么让他们不自在等，各种原因都会有，不配合是正常的。

要想解决问题，必须先了解车间和仓库不配合的真实原因。你一定要心平气和，不能发火，发火就会让双方关系出现裂痕，以后再沟通就要付出更多的努力。不妨经常走动，不配合的原因也许就在他们的抱怨中，在他们的行动中，在他们工作的繁忙程度中，在他们的日常表现中，这些都要在现场的观察、交流中才能发现。一直在财务办公室坐着很难找到答案。

参考答案：他们不配合肯定有各种原因。

首先，要检讨一下是不是自己个人的原因，是说话方式他们不能接受，还是之前的言行让他们不舒服，如果有自己的原因，该道歉

的就道歉，能改正的就改正。

其次，经常现场观察、交流，了解情况，确认是工作量大，还是其他原因。

最后，了解到真实的原因后，给出我自己的解决方案，并汇报给上级，请上级协调解决。

4-8：工作中遇到自己不喜欢的人，但是必须要跟他合作才能完成任务，你会怎么处理

人上一百，形形色色。人多了，有喜欢的，肯定也会有不喜欢的。即使你再不喜欢，大家在同一个单位，肯定也会打交道。对于喜欢的同事，8小时内是伙伴，8小时外是朋友，购物、聚会都可以，怎么开心怎么来。不喜欢的同事，8小时内是伙伴，8小时外就是"认识的人"，不会有过多交流。

参考答案：工作的8小时内会放下一切的不愉快，全力合作把工作做好，工作之余不交流。

4.3 费用会计：原则性与灵活性

4.3.1 基本要求

费用会计，除了核算费用外，还要负责日常费用报销的审核。不仅要遵从国家的财经法规和公司制度，而且要面对庞大的费用报销人群。他们中有位高权重的老板和老板娘、各种级别的管理人员，有口才超好的销售人员，还有讲道理与不讲道理的各种人等。

费用会计与报销人群最大的冲突有两个：一是发票，报销的费用支出没有发票或发票不合规；二是超标，住宿、交通、接待费用超

出公司规定的标准。如果坚持按照规定去做，就会发生冲突；如果把不合规的费用给报销了，得到好处的人不一定会感激你，而你不仅使公司的利益受损，而且可能会因此失去工作，严重的会身陷囹圄。

一个好的费用会计，会在坚持原则的前提下，灵活应对各方人员。这对费用会计的综合素质要求较高，也非常锻炼人。

4.3.2 费用会计岗位的常见面试题

4-9：请介绍一下自己

费用会计岗位对工作经验没有特别要求，如果有经验当然会更好，即使没有，只要原则性强，有一定的灵活性，最好用工作中的实例来证明，也是可以胜任的。

比如，有的公司规定，原始单据类型相同的票据要粘贴在一起，呈鱼鳞状。这样做单据确实整齐、美观，但是会给费用会计的审核带来困扰。为了详细审查各项支出是否合理，笔者曾经用 Excel 建立一个简单的费用审核表，如图 4-1 所示。

序号	日期	出发地	到达地或所在地	飞机	高铁	火车	长途巴士	公交与地铁	住宿	上车时间	下车时间	出租车与网约车	接待费	餐补	合计
		合计		1780.00	—	—		40.00	600.00			134.00	680.00	420.00	3654.00
1	3月31日	广州	上海	890											890
10	3月31日		上海							14：00	15：20	58			58
11	3月31日		上海							14：50	15：30	31		70	101
3	3月31日		广州或上海					20							20
6	4月1日		上海											70	70
4	4月2日		上海					10							10
7	4月2日		上海						280						280
9	4月2日		上海											70	70
8	4月3日		上海						320					70	390
13	4月3日		上海										680	70	750
12	4月4日		广州							17：15	17：45	45			45
2	4月4日	上海	广州	890										70	960
5	4月4日		广州或上海					10							10

只有广州与上海的车票是合理的

为什么同一时间在两辆车上？

发票地点在徐州，此时人不是在上海吗？

接待费与餐补重复？

图 4-1 费用审核表

先把所有的票据信息录入到设置好的表格，然后按照日期和时间排序，如果还不准确，就手动调整一下，一个详细的差旅路线图与开支清单就出来了，如果费用发票上记载的时间、地点信息与交通发票的记录相矛盾，当事人就要解释原因了。

参考答案1：从事财务工作3年，其中费用会计工作1年。在这1年中，我逐渐养成了用质疑的眼光去核对单据的习惯，并形成了自己一套独特的工作方法。例如在审核差旅费时出租车发票的审核。公司要求在出租车发票背面写上起止地点，出租车发票上都有上车时间和下车时间，但如果出差时间跨度很长，比如十多天，而且去过很多地方，单独看每张发票很难发现问题，我就想了一个办法，用Excel把日期、时间、地点和金额信息做成一个二维表格，然后按照日期与时间升序排列，如果发现同一日期的两张发票乘车时间间隔很短，比如1分钟；同一时间在不同的两辆车上；同一段时间内出现在距离很远的两个地方，比如10分钟前在广州，10分钟后在深圳，这些票据的真实性都是值得怀疑的。发现这类问题，我会要求报销人给出合理的解释，然后让他自己提出有问题发票的处理建议。心虚的会撤掉有问题的发票不报销，若是真实的发票，只要有合理的解释，都可以接受。所以经过我审核的报销单据，审计人员挑不出任何毛病。

参考答案2：从事财务工作3年，虽然没有做过费用会计，但是在工作中会接触到大量的财务单据，所以我对这些单据非常熟悉，而且熟知税法、会计法和公司制度对单据的要求，我自己偶尔也会出差，作为报销人对费用会计的要求有一定的亲身体会。而且我的原则性很强，有一次我一个人在办公室，有个平时关系很好的同事过来找我要一个财务数据，我知道财务数据是不能随便提供的，即使是关系再好的同事也不行，所以就推说我没有查看这个数据的权限，要上级给我授权，她一听这么麻烦就作罢了。

4-10：有个职位比你高的同事过来报销，他的单据明显不符合公司制度规定，比如发票不合格、住宿费超标等，你会怎么处理？如果这个同事是你的直接上司呢

这种场景在实务中会经常出现，考查应聘者在原则和权威面前，如何解决棘手的问题，以及处理事情的技巧。原则肯定要坚持，面对职位比你高的领导，要给予足够的尊重，要顾及对方的面子，同时还要让对方接受你提出的要求。

参考答案：如果是费用超标，公司制度规定了超标的审批权限，我会私下里提醒他们找相关领导签批后再把单据交给我。

如果是发票不合格，我会提供两个选项，一是让他提供合格的发票，二是要扣除票面金额的25%，作为无票的费用报销，因为没有正规发票不符合税法的规定，不能在税前列支。25%是年底汇算清缴时，公司要承担的企业所得税，这项费用只能由责任人承担。

我认为所有的报销人员都是我服务的对象，不管对方的职位高低。在坚持原则的同时，我会足够尊重他们。顾及领导的面子，我不会当众指出单据中的问题。直接上司作为财务人，我相信他会支持我的做法，因为要是我的做法不妥，他会给予指导。

4-11：按照制度规定，某个同事的报销单据必须经他的上司书面签字，上司在外地出差，而这位同事却急等着钱用，你会怎么处理

这种场景在实务中经常遇到，是考查应聘者的原则性和灵活性。原则肯定要坚持，如果报销人已通过电话或者微信、QQ等向上司请

示，且上司有明确答复，并把这些过程和结果展示给费用会计，是可以放行的。

参考答案：我会要求报销人当面给他的上司打电话请示，或者给我展示通过微信、QQ 等文字沟通的结果，只要上司认可报销的费用内容和金额，并承诺在回公司后补签，我会通过审核。

4-12：接着上一个问题，上司出差回来了，报销单据上的审批如何补签

费用会计负责审核，是"执法者"，不是报销人员。一定要分清自己的职责，不能越俎代庖，替报销人员做事。

参考答案：我会把单据退给报销人员，要求他马上找领导补签，并把单据送给我。

4-13：在费用控制方面，你有没有要分享的经验

费用会计除了处理日常的费用报销外，还要进行账务处理。经常处理费用类单据，对公司的开支数据肯定非常熟悉。有心的财务人，会发现数据中的规律，并去查找背后的原因，有业务的，有季节性的，有临时性的等。只有不断地分析、调查、总结，才能做好预测和控制，业务能力才会逐渐提高。主动工作，用 1 年的时间做了其他人几年的工作内容，在成长方面肯定快人一步。

参考答案：我在某公司任职的时候，通过历史数据的对比分析，发现销售人员的差旅费和接待费用很高，但是没有数据用于判断是否合理，而且在审核他们的报销单时经常要斗智斗勇，他们也抱怨取得合规的发票有难度。我就广泛地查阅资料，发现很多公司的制度规定，销售人员的差旅费实行包干制，就是把业务提成提高一定的比

例，比如0.5个百分点，公司不再支付销售人员任何费用。

接下来我计算了前三年所有销售人员的差旅费占销售收入的比例，在1%左右。于是我就建议把销售提成提高0.8个百分点，不再报销他们的任何费用，老板特批的除外。上级向公司管理层汇报后，得到的答复是销售提成提高0.6个百分点，除了公司委托他们接待的费用外，其他费用一律不再报销，但是他们可以把手边的发票整理好后填写报销单，把业务提成领出，余下的业务提成正常计算缴纳个人所得税。

经过这么调整，我只需要指导销售人员把发票参照真实的情况填写，审核时确认发票的合规性和金额的准确性就可以了，之前的斗智斗勇变成了合作共赢。我们的关系也越来越融洽，他们每次来到财务部也不再吵闹了。经过几个月的运作，他们的差旅费与上一年同期相比，降低了接近0.5个百分点。

这件事给我的启示是，对已经发生的费用进行控制，效果肯定不理想，甚至说根本没有效果，而且会造成同事关系不和谐。如果在发现问题后，把费用控制的节点调整到费用发生之前，效果会更好。

4.4 税务会计：依法纳税，合理避税

4.4.1 基本要求

税务会计的主要工作是开发票、计税以及依法纳税，有时还要进行税务筹划。作为一名合格的税务会计，不仅要具备基本的开发票、计税技能，还要有一定的税务筹划能力。

这个岗位有非常不公平的地方。不管你通过税务筹划给公司节省了多少万元的税款，在老板看来这都是你分内的事情，奖励已经体

现在工资里；但是如果因为税务违法被处罚，即使仅有几百元，你过往的功劳也可能要清零了。

4.4.2 税务会计岗位的常见面试题

4-14：请介绍一下自己

如果原税务会计只是调岗，没有离开公司，或者部门里有同事对税务方面非常熟练，对工作经验方面不会做过多要求；否则就会要求工作经验。因为信息不对称，不知道招聘方属于哪种情况，所以在回答这个问题时，一定要把自己的税务技能展现出来。

参考答案：从事财务工作 3 年，一直从事税务会计工作，能熟练操作免抵退税、电子报税、开发票系统，做过 2 次所得税的汇算清缴，能独立完成税务账，包括从整理单据到录制记账凭证，最后出具税务报表，善于解决工作中的难题。接下来介绍一下我的工作经历……

4-15：请介绍一下你在税务工作方面的业绩，请说明整改前的状态、你的行动计划，以及整改后的结果

这是考查应聘者税务工作的能力，也是从侧面验证自我介绍中擅长的内容是否真实。

参考答案：那就说一下在某公司的经历吧。我入职的时候，他们刚刚取得一般贸易的资格，对于免抵退税系统，整个财务部没有一个会操作的。我通过在网上查阅资料，向税务局的专管员和同行请教，报税期前连续加班了半个月，总算把对单据的要求等内容全部烂熟于心，而且能熟练操作这个系统了。我是财务部第一个学会这个系统的，然后又教会了 3 个同事。

4-16：你是怎么看待税务筹划的

从字面意思上看，是询问应聘者对税务筹划的态度。实际上是考查可行性税务筹划的条件，以及是否做过筹划，如果做过而且实施了，经过验证确实节省了税款，那肯定是加分项。

参考答案1：税务筹划，就是在合法的前提下进行合理避税，我肯定支持。不过要想税务筹划具有可行性，必须要把税收方面的优惠措施与公司的实际情况结合起来。我曾经筹划过一次合理避税，但是没有成功。在某公司任职的时候，我除了担任总部的税务会计外，还同时兼任某地一个分公司的报税工作。

我发现当年总公司盈利，分公司严重亏损，而税法有规定，总分公司可以汇总缴纳企业所得税，但是需要审批。由于总分公司不在一个市，于是分别向两地的主管税务机关递交了汇总缴纳企业所得税的申请，总公司所在地的税务机关很快就批准了，但是分公司所在地的主管税务局却坚决不同意。他们的口头答复是：虽然现在是亏损的，但也是我们潜在的税源，如果以后赢利了，肯定会造成我们的税源流失。

虽然税法有明确规定，总分公司可以汇总缴纳企业所得税，现在有很多课程把这个作为筹划的方法之一，但是亲身经历告诉我，再好的筹划，也需要实施条件。

参考答案2：税务筹划，就是在合法的前提下进行合理避税，我肯定支持。我曾经任职的某公司是高新技术企业，除了享受研发费加计扣除抵减所得税和高新技术企业15%的企业所得税优惠外，我发现公司的产品属于嵌入式软件产品这个大类，如果申请成功，按照当时的营业额，每年能节省500万元左右的增值税款。申请条件方面，公司已经取得了软件著作权的专利，接下来就是到税务局申请备案，然后是软硬件分开核算成本和收入，从而可以享受软件收入税负超过3%即征即退的优惠政策。税务局备案由我来处理，独立核算我建议从签订购销合同、开具发票开始就区分软件和硬件收入，成本也分别独立核算。难点在于需要客户接受，领导向上级汇报后，经过销售部门与客户协调，大部分客户接受我们的提议，因为总价格不变，对他们没有任何影响。经过这一系列操作后，增值税的税负从7%降到4.5%。

4.5 其他会计岗：专业技能与职业道德

除了出纳、成本会计、费用会计和税务会计外，有些公司根据业务需要，还会设置销售会计、往来会计、资产会计、会计助理等岗位。虽然这些岗位的人员工作内容各有不同，但是除了都要遵守法律法规和财务人员的职业道德外，在专业技能上也有相通之处，可以根据公司的需要或者领导者的意愿进行岗位调整。

4.5.1 基本要求

面试时要把理论知识转换成自己的语言表达出来，如果完全按照书本上的内容照本宣科，充其量是动态版的百科全书，回答得一字不差也没有什么用。面试官都是在职场上久经考验的财务高手，他们注重应用。

4.5.2 其他会计岗位的常见面试题

4-17：我们公司有一项固定资产已经清理了，也收回了清理货款，但是只有银行交易流水，没有其他单据，你准备怎么将原始凭证补充完整

固定资产报废，首先要走资产报废申请、管理部门判定和管理层批准流程，还要处置经办人、现场监督人员的见证，最后是资产移交、收到处置款。

参考答案：我会根据公司制度规定，督促经办人补充完成固定资产报废处置的手续，然后查阅该项固定资产的原始入账资料、折旧数据等信息，税法规定要备案的，按照税务局的要求马上办理备案手续。

4-18：固定资产清理如何处理

不要背教材，最好根据教材讲解的理论，用自己的语言表达出来，这样才会加分。

参考答案：先计算固定资产的账面净值，用原值减去累计折旧和资产减值损失，然后与清理收入对比，账面净值小于清理收入的确认为"营业外收入"，否则确认为"营业外支出"。

4-19：研发支出是如何处理的

研发支出一般分为资本化支出和费用化支出，开发阶段的支出，符合资本化条件的，计入无形资产的成本；不符合资本化条件的和研究阶段的支出，计入当期损益。无论是哪种处理方式，都必须计入具体的研发项目。

还有一种研发支出是产品化的支出。平时在研发支出科目归集，期末把主要材料成本转入产品成本，其他支出项目费用化。这种类型不太常见，即使没有回答上来，也不要有思想负担。

在实务中最难的不是账务处理，而是收集研发项目资料。优先回答收集并督促完善研发项目资料的，肯定会加分。

4-20：存货的资产减值损失如何进行账务处理

确认为资产减值损失，计入当期损益，同时计提相应的资产减值准备，会计分录如下：

借：资产减值损失
　　贷：存货跌价准备

资产减值损失一经确认，在以后会计期间不得转回。

4-21：因汇率大幅度波动，期末应付国外供应商的货款，外币金额已经清零，人民币仍然结存有很大的余额，而这批原材料还在仓库没有耗用，怎么处理会更合适

汇率波动对外币应付账款的影响金额计入财务费用类科目下的"汇兑损益"科目；期末原材料成本高于市价的金额，计入资产减值损失。这样处理就完事了吗？如果这两者之间没有任何联系，就没毛病。根据题目的设置，如果这两者密切相关呢？大额的负数汇兑损益，会抵销掉部分利息支出；而大额的资产减值损失存在，就告诉报表阅读者，本公司的库存管理存在一些问题。结果是这两项数据都没有反映公司的真实经营管理情况。

参考答案1：应付账款中国外供应商的余额，计入"汇兑损益"科目；原材料的跌价损失，计提资产减值损失。

参考答案2：把"应付账款"科目中国外供应商明细的余额与原材料的跌价损失对冲，冲减后还有余额的计入"汇兑损益"科目，不足冲减的计提资产减值损失。

4-22：成本与费用有什么区别和联系

成本的核算对象是产品，费用的核算对象是会计期间，这是最根本的区别；两者之间不是孤立的，而是密切相关的，可以相互转化。成本结构中包含制造费用，自制的产品在管理或者销售活动中消耗了，成本就转化成期间费用。

参考答案：成本和费用的区别是，我们常说的成本是产品的成本，费用是期间费用。它们之间不是孤立的，而是密切相关的，还能互相转换。成本结构中包含制造费用；生产的产品自用的，产品成本就转化为管理费用或者销售费用。

4-23：固定资产的融资租赁与经营租赁有什么不同

产权归属不同，入账方式与后续的处理会有很大差异。

参考答案：融资租赁的产权归租赁方，租赁方要按照固定资产入账，计提折旧；经营租赁的产权归出租方，租赁方不能按照固定资产入账，也不能计提折旧。

4-24：开具发票时，需要哪些书面资料

开发票时，双方签字盖章的订单、购销合同是必须要有的，此外还要有客户签收的送货单，需要安装的产品，还需要客户签章确认的安装完工验收单等。

参考答案：首先是客户提供他们盖章版的开票资料和双方签字

盖章的订单、购销合同；其次是客户签收的送货单，如果我们销售的产品需要安装，还需要客户签章确认的安装完工验收单。

4-25：你怎么跟销售代表解释收入的确认时点

这个问题是为了考查应聘者的语言表达能力。销售代表是非财务专业人士，给他们讲企业会计准则的要求——主要风险和报酬转移、经济利益流入企业、成本可靠计量等根本行不通，急性子的不等你讲完就会打断。一定要用非专业化的语言给他们解释。

参考答案：开发票就可以确认收入。

4-26：制造业中常见的成本核算方法有哪些

常见的成本核算方法有品种法、分批法和分步法。

参考答案：制造业中常见的成本核算方法有品种法、分批法和分步法，品种法按照产品的种类来核算成本；分批法按照订单来核算成本；分步法按照产品的生产步骤来核算成本。这三种方法有不同的适用条件，要根据公司生产的特点和管理的要求，选择恰当的核算方法。

4-27：公司采购的原材料单位成本合计为 40 元，加工后成品的销售单价是 100 元，生产计划员认为公司每卖出一件产品就赚了 60 元，对此你做何解释

产品成本包括原材料成本、工人工资和制造费用，制造费用有直接产生的，也有分摊转入的，所以原材料成本并不是产品成本的全部。

参考答案：在产品制造过程中，除了消耗原材料之外，还需要

工人与管理人员的付出，使用厂房、设备、模具，以及耗用水电煤气，这些都是要计入产品成本的。如果加上这些投入，每卖出一件产品所赚的钱，肯定会少于 60 元。原材料成本占产品制造成本的比重较大，但不是全部。

4-28：产品的销售单价是 150 元，公司给销售人员的目标成本是 100 元，销售人员说产品的销售毛利率是 50%，你怎么看

$$销售毛利率 =（销售收入 - 销售成本）/ 销售收入 \times 100\%$$
$$=（150-100）/150 \times 100\% = 33.33\%。$$

销售人员之所以认为销售毛利率是 50%，是因为误将销售成本（100 元）作为分母。

参考答案：这里的 50%，是销售毛利额与目标成本的比值，是成本加成率。在销售毛利率的计算公式中，是销售单价减去销售成本价，再除以销售单价，这样计算出来的结果是 33.33%，而不是 50%。

4-29：老板说应收账款减去应付账款等于利润，你怎么看

这是考查应聘者对数据关系的理解。老板一般不怎么懂财务，或者虽然懂一些，但是故意装不懂。应收账款和应付账款都包含增值税，如果公司的应收账款账期较长，当期的收入与应收账款余额相等，而且应付账款的账期也长，长到余额能覆盖工资福利、各种费用支出及其他支出，在这种情况下，应收账款减去应付账款会近似等于当期的利润，否则等式不成立。

参考答案：利润等于收入减去成本和费用，如果应收账款余额

等于当期的收入，应付账款的余额等于当期的成本和费用，应收账款减去应付账款等于利润。否则就不相等。

4-30：现在有 100 多个工程项目在建设中，而且金额都比较大。你觉得怎么做才能把账目统计得非常准确

工程项目不同于物料采购。物料采购有验收入库、收到供应商发票、支付货款三个状态，可以通过"应付暂估""应付账款"等会计科目的发生额和余额来记录物料采购状态。而工程项目要复杂一些，每个项目都会有合同金额、结算金额、款项支付条件、工程款支付进度、发票收到多少、质量保证金的留存比例和支付情况等信息，仅仅依靠有限的几个会计科目根本没有办法核算清楚，这就需要通过备查账来实现。合同登记表如图 4-2 所示。

序号	合同号	签订日期	项目内容	结算/合同金额（元）	付款金额（元）	付款日期	凭证号	付款条件
001	××××	20××-02-21	厂区道路	2 396 598.88	460 000.00	20××-03-01	记335#	合同签订后10日内支付合同金额的20%，完成……
					498 639.55	20××-05-20	记441#	
002	××××	20××-02-22	道路减速带	180 000.00				

合同金额20%，20××-02-28 收到46万元的发票

已结算 ▨　已收发票 ▨　已经完结 ▨

图 4-2　合同登记表

可以充分利用 Excel 的批注、插行、单元格标注不同颜色等功能来记录各种信息，还可以用排序、筛选、分类汇总等功能进行数据整理。

参考答案：工程项目的管理比较复杂，要记录清楚合同金额、结算金额、款项支付条件、工程款支付进度、发票收到情况等信息，仅仅依靠财务软件的账面记录完全不能实现，必须建立电子表格备查账。我曾经设计了一个模板来辅助核算，模板记录的信息非常全面，而且方便操作。表格的使用方法是……

4-31：成本费用类科目，为什么要设置二级明细科目

数据的作用是分析过去的规律，预测未来的发展趋势，在可能会出现重大风险时提前做好预防。成本费用类科目的二级明细科目，不仅是为了把单据内容挂账，更为了通过这些数据揭示规律，预测未来，在事前设计好控制措施，降低成本费用，这也是财务人员参与经营决策的途径之一。

参考答案：设置二级明细科目，不仅是为了挂账，更为了通过数据来揭示规律，进而进行预测和控制成本费用。这就要求财务人员在进行核算时，要完全按照二级明细科目所限定的内容来入账，这样不同时期的数据就会具有可比性，分析出来的规律才更具有指导意义。

4.5.3 通用问题

前面的面试问题专业性很强，所以就单独列在岗位的后面。接下来的面试问题是通用的，用来测试一般会计岗位应聘者的综合素质。

4-32：平时都有哪些解压方式

财务人员要进行账务处理、资金统筹、税务处理，出具各种类型的财务报表，与公司内部的其他业务部门沟通协调，还要接受公司管理层与政府监管机构的监督、检查。当报表期的加班成为常态，长

期一人多岗导致工作量大，整理会计档案要面对折叠、粘贴原始单据这类琐碎的事情，为了阶段性项目而临时无休止地加班时，没有压力是不可能的。

作为打工人，我们要学会发泄排解工作压力。

缓解压力的方法有听音乐、看书、下棋、钓鱼、运动，也可以邀几个朋友去郊游，只要是健康向上的，能在公开场合讲出来的，都可以说。

本章总结

一般会计岗位的面试问题有两个方向：一是知其然，考查应聘者对各项技能的掌握程度，是了解、熟悉还是熟练。二是知其所以然，考查应聘者是否对基础岗位的某些做法进行深层次思考，比如会计科目为什么要这样设置？

知其然，是财务人员的基本技能；知其所以然，是走上管理岗位的潜质。这两个方向，不能仅仅为了顺利通过面试临时抱佛脚，而要融入日常的工作，这样才能在财务这个职业上走得更远。

CHAPTER 5
第 5 章

财务主管岗位面试实战：

详情与真题

财务主管，是初级财务管理者，一般身兼管理与核算职能，也有专职的。规模不大的公司，这项职责由总账会计担任。他们在完成本职核算任务的同时，还要监督核算工作的质量，把控工作进度。

核算工作的质量要求：账面记录没有错误，记账凭证所附的原始单据齐全、合规；数据准确、完整，有可比性，便于查阅；确保数据、会计档案资料安全等。

核算进度方面，政府部门和管理层对财务报表完成的时间都有要求。税务局要求在规定时间内上传财务报表，比如每月 15 日前。为了避免出现错误，公司的管理层会对出具财务报表的时间另有要求，通常要比税务局要求的早，因为要留足内部审核的时间。把审核无误的财务报表上报给税务局，是比较稳妥的做法。如果在内部审核过程中发现问题，还有时间修正。要是在税务局要求时间的最后一刻踩着点儿出财务报表，则没有时间审核，如果事后发现有问题，再想调整就远没有上报前那么便捷了，而且还可能会给公司带来损失。

一个在房地产公司任职的财务人员在群里求助，她在将财务报表上传到税务局系统后才发现开发成本少计了，公司为此要多缴纳500多万元的税款。老板暴跳如雷，能想的办法、可以动用的人脉都试过了，没有任何效果。她整天忙得焦头烂额，问题依然没有得到解决。这就是没有事前发现问题带来的恶果。

在规定时间内出具财务报表，这是进度要求，如果自我设限，当然越早越好。笔者曾经服务过一家年营业额超过百亿元的不锈钢贸易公司，可以在每月最后一天出具三大报表。只要肯付出，没有什么不可能。

5.1 专业能力：基础工作质量的保证

5.1.1 财务数据中可能存在的问题及应对方法

财务数据是企业经营史的数字化记录，而历史总是相似的，不同会计期间的财务数据也就有了可比性。经济世界日新月异，财务数据也会随之波动，但是如果出现没有任何关联的异常波动，数据准确性就存疑。

那些明显偏离常识的记录，准确性值得深究。充分利用财务数据的逻辑性、可比性、波动性、常识性这四个特性，可以帮助我们快速发现可能存在的错误（遗漏也是错误），提高数据的准确性、完整性。

（1）逻辑性 借贷记账法的广泛应用，使得不同的会计科目、会计项目之间有严密的逻辑关系。就财务报表而言，不同项目的逻辑关系列举如下：

$$资产 = 负债 + 所有者权益$$

$$营业利润 = 营业收入 - 营业成本$$

现金及现金等价物净增加额＝经营活动产生的现金流量净额＋投资活动产生的现金流量净额＋筹资活动产生的现金流量净额＋汇率变动对现金及现金等价物的影响

本年累计净利润＝未分配利润期末余额－未分配利润期初余额＋本期调整（分红，以前年度损益本期调整，审计调整等）

资产负债表的货币资金期末余额－货币资金期初余额＝现金流量表同期"现金及现金等价物净增加额"

以上是单体财务报表数据的逻辑关系。在合并报表状态下，上述公式依然成立。宋明月写作的《轻松合并财务报表：原理、过程与 Excel 实战》一书中，对此有数据证明，有兴趣的读者可以深入研读。

如果出具的财务报表逻辑关系不正确，大概率存在问题。

有问题就要找证据来证实：是数据错误，还是有没有掌握的信息，或是数据看上去是错误的，实际上是正确的。

只要找到证据，也就找到了错误的原因，修正起来就很容易，而找证据的过程往往是最痛苦的。

要想快速找到证据，必须采用正确的方法，这里列举几种以供参考：

第一种方法，检查公式。手工账状态下，把财务报表数据输入电子表格后，可以用公式非常便捷地出具财务报表。财务软件的财务报表模板，也是采用电子表格的公式，区别在于它有取数函数，可以自动从财务系统中提取财务报表项目所需要的数据。这两种状态都涉及公式，发现逻辑错误时一定要检查公式是否正确，使用财务软件的，还要检查取数公式包含的会计科目及其借贷方是否正确，在启用新的一级科目时，要特别关注科目代码是否包含在财务报表的取数公式中。

第二种方法，检查调整项目。常见于资产负债表的"未分配利润"项目，当期或者当年如果出现分红、以前年度损益调整等影响"未分配利润"项目数据的事项，一定要把数据还原，视同没有发生这类事项，再看看错误是否存在。如果仍然有差异，那就是真的有错误，继续找其他证据。

第三种方法，查看期末要清零的科目是否有余额。有的财务软件的财务报表模板，对销售费用、管理费用、财务费用、研发费用等部分科目只取借方发生额，而不是取借贷相抵后的余额，已知的用友、金蝶软件是这个规则。如果当期有冲减这些科目的，按照常规的借贷规则是计入贷方，结果到期末，结转损益的凭证会漏掉这些科目的贷方发生额，导致这些科目期末仍然有余额，进而使利润表数据出现错误。如果出现冲回这类科目的，一定要入借方负数，对方科目为借方正数。这张记账凭证只有借方发生额，没有贷方发生额，看上去很奇怪，但财务软件的取数规则就是这样设定的，只能遵从。

第四种方法，差异金额除以2。这样可以找到方向入错的一笔会计分录。例如金额差别为1 000元，除以2就是500元，那就把分录是500元的记录全部筛选出来，肯定能发现问题所在。如果有好几笔方向都入错，那就太不幸了，只能再想其他办法。

（2）可比性　不同会计期间的数据，有一定的可比性。如果某个数据非常特别，以前从来没有出现过，那就要确认是偶发性的业务、新业务，还是挂错了科目。例如，某个会计期间，"管理费用"科目下，突然出现的"网络费"二级明细科目有数据记录。网络不是新生事物，公司使用网络办公多年，这项费用肯定不是偶发性的，也不是新业务，大概率是某位新人为了入账，而新设的二级明细科目。

出现这种情况，说明软件权限的设置太宽松了。一定要收回操作人员可以增加会计科目的权限，并加强培训和宣导，定期做系统维护，这样才能避免这类的问题再次发生。

（3）**波动性**　财务数据波动是正常的，但是大幅度的波动就要留意了，要么是公司的经营情况有了新的变化，要么就是数据错误。至于多大幅度符合"大"的标准，要参照历史资料、同行业数据来确定。例如，某个会计期间的产品单位成本比上个月增加了30%，那就要查看产品单位成本的计算公式有没有错误，产量是否异常，原材料采购价格与耗用有没有明显变化，工资、制造费用的变化是否异常，找到变化的主要项目，再深究原因，最后确认这种变化是真实存在，还是做错了。

（4）**常识性**　财务数据记录日常的经济活动，与我们的生活常识相比没有特别之处，如果某项数据明显不符合常识，肯定要确认数据是否准确。例如公司买了一台全新的保时捷，固定资产的账面价值只有10万元，你信吗？全新的，既不是二手车，也不是事故车、泡水车，如此低的价格肯定不符合常识。那这就需要查阅一下原始单据，是不是看错小数点了。

5.1.2　便捷性与安全性

在数据查阅方面，便捷与否取决于记账规则的设定、规则执行和日常维护。合理地设定规则、持续地执行规则、发现问题及时修正，供应商、客户和个人档案具有唯一性，往来科目启用辅助核算，同一个客户不要多个科目挂账，发现不合规的及时修正，等等，这些都是便捷查询的必备基础工作。

想象一下，要查阅某个客户的往来账情况，输入关键字后，跳出几十个包含关键字的档案供选择，而这些档案指向同一个客户，接着又跳出十来个会计科目有发生额和余额。这样的数据查询起来能便捷吗？

财务档案包括电子档案和纸质档案，安全性就是要防止丢失、损坏，防止泄密。

电子档案的安全性，首先要防黑客。近期笔者身边出现了好几起公司服务器被勒索病毒攻击的事件，服务器中的所有软件、文件夹、文件全部被加密。除了花钱解决问题，好像没有更好的办法。其次要预防硬件的损坏。电子产品都有一定的使用寿命，不会一直正常工作。当硬件损坏且不可修复时，结果就是灾难性的，因为这时候花再多的钱都不一定能解决问题。

遇到这两种情况，轻则影响正常工作，重则丢失重要数据，损失不可估量。这就要求平时做好充足的准备，不仅要备份，而且备份文件要储存在不同的介质上，比如服务器和移动硬盘至少各有一个备份。虽然有点儿麻烦，但是关键时候能起大作用，不可轻视。

纸质档案的安全性主要是防火、防潮、防盗。火会造成单据消失，潮会导致单据损坏，而防盗问题却很容易被忽视，因为在正常人看来，除了财务、审计人员外，很少有人对这些又厚又重的单据感兴趣。

但是世界上总会有奇怪的人和事，在新闻中可以看到：有偷几千元硬币的，有扛走别人近百斤重的保险柜的，有跑到超市偷可乐瓶盖只为中奖的……万一有人把单据给偷走，这种损失跟硬件损坏一样，根本没办法弥补。

我们来看一个与财务资料丢失有关的新闻[⊖]：

2015年12月17日晚，港交所上市的中国动物保健品发布公告称：曾储存于石家庄的截至2014年年底的四个财政年度及本年度的财务文件遗失。

智通财经将文件的丢失过程梳理如下：

中国动物保健品安排卡车运输2011～2015年所有财务文件的正本。2015年12月3日中午，卡车出现故障被拖往保定市清苑区修理。12月4日，司机取回卡车然后吃午饭，饭后发现卡车被盗。12月12日，当地公安局通知公司找到了卡车，奇怪的是，小偷只拿走了卡车上的文件资料，而卡车本身完好无损。

试想一下，如果一家公司的财务资料在转运过程中丢失，作为财务人员的你，有办法挽回损失吗？肯定没有！

所以，防盗也是保证财务资料安全的必备工作。

5.2 管理能力：把控工作进度

财务报表的出具有时间要求，这就要对每个人的工作量进行评估，合理安排工作，提高工作效率，随时把控工作进度。若出现意外情况，像有人请假导致人员不足，要有备用方案：是让储备人员承接，还是自己顶上。

⊖ 资料来源：新浪财经。

有的财务人员喜欢把事情积攒到一起做，平时很闲，月底和月初忙得没有上下班概念，这时候最大的愿望是没有其他部门的人来烦他。天不遂人愿，有时候你最担心什么，往往就会发生什么。即使没有人打扰，赶在最后一刻踩着点出财务报表，根本没有时间检查，无法保证财务报表的质量。早知如此，为什么不把部分工作安排在不忙的时候完成呢？

5.3　常见的面试题

5-1：请介绍一下自己

老生常谈的问题，先要总结一下自己，工作经历、擅长什么、喜欢做什么，不要背诵简历！

参考答案：从事财务工作 5 年，3 年总账会计经验，2 年会计主管经验。我比较擅长的是发现账务中的错误，并修正，这让我很有成就感。接下来介绍一下我的工作经历……

5-2：未来五年内，你想达成什么目标

一个没有上进心的财务人员，就没有动力去努力提升自己。上进心可以通过考证书，提升专业、沟通、管理技能，提高职位来体现。

参考答案：在未来五年内，我计划通过中级会计师的考试，并在工作之余努力提升自己的专业知识和管理技能，希望未来能从财务的操作者，变成财务的管理者、决策者。

5-3：你能为公司创造什么价值

把你的专长用简洁的语言表达出来。

参考答案：在会计核算方面，我能把账目整理得非常清晰，出具翔实、准确的财务报表；在应收账款管理方面，我独立设计了一套模板，能更加准确、及时地对应收账款进行管理；在成本控制方面，我能引导成本组的同事去发现问题、解决问题；在税务筹划方面，我能结合公司的业务特点，并充分利用现有的税收政策，让公司享受税收红利；在人才培养方面，我曾经把几个刚毕业的应届生培养成部门的业务骨干。

5-4：收入确认的原则是什么

根据《企业会计准则第 14 号——收入》（财会［2017］22 号），企业应当在履行了合同中的履约义务，即在客户取得相关商品控制权时确认收入。取得相关商品控制权，是指能够主导该商品的使用并从中获得几乎全部的经济利益，也包括有能力阻止其他方主导该商品的使用并从中获得经济利益。企业在判断商品的控制权是否发生转移时，应当从客户的角度进行分析，即客户是否取得了相关商品的控制权以及何时取得该控制权。取得商品控制权同时包括下列三项要素：

一是能力。企业只有在客户拥有现时权利，能够主导商品的使用并从中获得几乎全部经济利益时，才能确认收入。如果客户只能在未来的某一期间主导商品的使用并从中获益，则表明其尚未取得该商品的控制权。例如，企业与客户签订合同为其生产产品，虽然合同约定该客户最终将能够主导该产品的使用，并获得几乎全部的经济利益，但是，只有在客户真正获得这些权利时（根据合同约定，可能是在生产过程中或更晚的时点），企业才能确认收入，在此之前，企业不应当确认收入。

二是主导商品的使用。客户有能力主导商品的使用，是指客户在其活动中有权使用商品，或者能够允许或阻止其他方使用商品。

三是能够获得几乎全部的经济利益。客户必须拥有获得商品几乎全部经济利益的能力，才能被视为获得了对商品的控制权。商品的经济利益，是指商品的潜在现金流量，既包括现金流入的增加，也包括现金流出的减少。客户可以通过使用、消耗、出售、处置、交换、抵押或持有等多种方式直接或间接地获得商品的经济利益。

参考答案：根据2017年执行的收入准则，销售方履行了合同中约定的义务，购买方独占使用所购买商品的权利，并且拥有获得商品几乎全部经济利益的能力，应在此时确认收入。

5-5：研发费用如何设置会计科目，如何反映在财务报表上

研发费用要区分费用化支出和资本化支出，设置二级明细科目，然后按照研发项目和支出的类别设置三级明细科目。期末出财务报表时，分别反映在利润表和资产负债表的不同项目上。

参考答案：一级科目是研发支出，二级科目是资本化支出和费用化支出，三级科目是具体的研发项目，四级科目是具体的开支项目，如工资、原材料和半成品的试验费、新产品设计费、设备调整费等。

期末，资本化支出反映在资产负债表的"开发支出"项目中；费用化支出反映在利润表的"研发费用"项目中。

5-6：在工作中如何编制现金流量表

这是工作场景，不是理论考试，要回答的问题是怎么能把现金流量表做出来，而不是背诵教材的内容。

参考答案：实务中现金流量表编制方法有两种。一是利用财务软件自带的现金流量表功能，设置好现金科目后，在录入会计凭证时

选择流量项目，结账后就可以出具准确的现金流量表；二是利用会计科目之间的钩稽关系，一般用资产负债表和利润表，然后根据辅助信息进行调整得出，用这种方法出具的现金流量表，几个"其他"项目金额非常大，准确性较差。

5-7：有一家税前利润为 500 万元的公司，出具财务报表后发现有一项管理用固定资产漏计提折旧，会计与税法的列支标准是一样的，税款当年结清，其他数据不变。补充计提固定资产折旧的动作，对三大财务报表各产生什么影响

这是考查对三大财务报表之间关系的理解深度。

首先，识别这项固定资产的用途，不同用途，折旧费用的入账科目差别很大。管理用的，计入"管理费用"或者"销售费用"科目，最终会计入当期损益；生产用的，计入"制造费用"科目，最后成为产品成本的一部分，要么反映在存货的价值上，要么反映在销售成本上；用于研发的，区分资本化支出与费用化支出，资本化的形成"开发支出"项目的一部分，费用化的形成"研发费用"项目的一部分，计入当期损益。

其次，税款当年结清，说明调整的结果最终会反馈到现金流量表上。

最后，区别不同情况，说明对三大财务报表的影响。

（1）**管理用的** 在资产负债表上，补提折旧会减少"固定资产"项目的金额；因原先多缴了所得税，所以补提折旧会减少"货币资金"项目的金额；相应地，"未分配利润"项目的金额也随之减少。

在利润表上，补提折旧会增加"管理费用"或者"销售费用"项目的金额，减少"所得税费用"项目的金额，减少"净利润"项目

的金额。

　　在现金流量表上,补提折旧会减少"支付的各项税费"项目的金额,同等减少"经营活动现金流出小计"项目的金额,同时增加"经营活动产生的现金流量净额"项目和"现金及现金等价物净增加额"项目的金额。

　　(2) **生产用的**　形成存货的,减少资产负债表上"固定资产"项目的金额,同等增加"存货"项目的金额,其他报表项目不变。

　　当期全部售出的,在资产负债表上,减少"固定资产"项目的金额;因为原先多缴了所得税,所以补提折旧会减少"货币资金"项目的金额;相应地,"未分配利润"项目的金额也要随之减少。

　　在利润表上,补提折旧会增加"销售成本"项目的金额,减少"所得税费用"项目的金额,减少"净利润"项目的金额。

　　在现金流量表上,补提折旧会减少"支付的各项税费"项目的金额,同等减少"经营活动现金流出小计"项目的金额,同时增加"经营活动产生的现金流量净额"项目和"现金及现金等价物净增加额"项目的金额。

　　(3) **研发用的**　资本化支出,减少资产负债表上"固定资产"项目的金额,同等增加"开发支出"项目的金额。

　　费用化支出,在资产负债表上,减少"固定资产"项目的金额;因为原先多缴了所得税,所以补提折旧会减少"货币资金"项目的金额;相应地,"未分配利润"项目的金额也要随之减少。

　　在利润表上,补提折旧会增加"研发费用"项目的金额,减少"所得税费用"项目的金额,减少"净利润"项目的金额。

　　在现金流量表上,补提折旧会减少"支付的各项税费"项目的金额,同等减少"经营活动现金流出小计"项目的金额,同时增加

"经营活动产生的现金流量净额"项目和"现金及现金等价物净增加额"项目的金额。

一个小小的疏忽，就能惹出这么多的麻烦事。由此可见，结账之前，检查错误和疏漏是多么重要。

如果再复杂一点，用于生产的，部分实现对外销售，部分形成存货；或者用于研发的，部分费用化，部分资本化，处理起来就更加麻烦了。

参考答案：在资产负债表上，补提折旧会减少"固定资产"项目的金额；因为多缴了所得税，所以同时会减少"货币资金"项目的金额；相应地，"未分配利润"项目的金额也要随之减少。

利润表，增加"管理费用"项目或者"销售费用"项目的金额，减少"所得税费用"项目的金额，减少"净利润"项目的金额。

现金流量表，减少"支付的各项税费"项目的金额，同等减少"经营活动现金流出小计"项目的金额，同时增加"经营活动产生的现金流量净额"项目和"现金及现金等价物净增加额"项目的金额。

5-8：本月，集团公司把母公司和 8 家子公司所有的三大财务报表数据合计后发现，资产负债表与利润表钩稽关系对不上，上个月的钩稽关系还是正确的，每个单体报表在合计前，钩稽关系都是正确的，为了把错误找出来，你会怎么做

出报表、合计的过程，会涉及很多手工操作，应用不少公式。人会出错，公式不会出错，但是公式的计算范围可能会选错，要想发现错误，从公式的计算范围入手检查。很多错误，常常出现在最容易忽略的地方。

参考答案：我会检查每个单体报表公式的计算范围，然后再检查钩稽关系，一共9个合并主体，工作量不是很大。单体报表确认无误后，清除掉工作底稿中原有的数据，重新把9个主体的单体报表数过入，如果钩稽关系仍然不正确，就可以确认是工作底稿的合计公式的计算范围有误，全面检查一遍工作底稿的公式，肯定能发现错误。

5-9：财务报表出具后，你在分析费用明细时发现，"管理费用"科目下有个"快递费"明细科目，这个科目之前一直没有数据，本月才开始有数据，你会怎么做

这肯定是某个财务人员未经批准启用或者设置了新的明细科目，不妨再深入思考一下是否有必要设置这个科目。

参考答案：出现这个问题，肯定是某个财务人员未经批准启用或者设置了新的明细科目。会计科目设置要考虑的因素有两个：重要性和高频性。

重要性，判断标准是金额重大，而且管理层特别关注。

高频性，判断标准是几乎每个会计期间都会用到。

不同时符合这两个原则的新设科目或者启用新会计科目，都会降低新设科目的使用价值。我会首先检查系统权限的设置是否有遗漏，接着检查审批的流程有没有问题，再跟经办人确认是否清楚相关规定，最后找到他不执行规定行为的原因，并传达启用或者设置新明细科目要考虑的原则，与他一同探讨这个行为会对今后的核算产生什么影响。

经过这个过程，我想他会深刻理解会计科目的存在意义，而我则可以发现并解决权限、流程、执行中的问题，这是双赢的结果。

5-10：用财务软件进行往来核算时，有人倾向于将往来单位名称作为二级科目的名称，有人倾向于设置往来辅助核算，这两种方法各有什么优缺点

这是考查应聘者对使用财务软件的感受。如果只会用而不去对比、思考，这个问题估计答不上来。建议在完成工作之余，对于一些没有用过的方法模拟一下，很多方法只有自己亲身体验了，才印象深刻。勤思考、多总结，是提高专业技能的途径之一。

参考答案：这两种方法最终达到的目的是一样的——更加详细、清晰、准确地核算往来账。设立二级科目的做法，优点是简单，特别是往来单位不多的情况下更加快捷。缺点是往来单位很多时，二级科目总数量可能会超过上限，二级科目过多，使用的时候查找非常耗费时间，而且很容易留下很多垃圾无法清理，比如有的单位只用一次，但是要一直占个位置，一年内不能清理掉。

设置往来辅助核算的做法，优点是往来单位没有数量上限，使用时只需要录入关键字就能查到，不用担心系统垃圾问题，往来单位多的时候，这种优势特别明显。缺点是没有设立二级科目那么便捷。

无论是哪种方法，一定要避免往来单位重复建立档案，因为这样会给对账工作增加很大的难度。

5-11：用财务软件设立会计档案时，往来单位和个人档案很容易重复，你有什么办法来规避这个问题

往来单位和个人档案混乱，要么是规则不清晰，要么是建档的人不遵守规则，而且缺乏监督。要想规避，就要从规则和执行两个方面入手。

参考答案：要想规避档案重复的问题，就要分三步走。

第一步，建立规则。对于往来单位的档案：国内的单位，一定要采用公章上的名称，遇到公司名称变更时，也要随之变更；国外的单位，采用"外文全称＋中文简称"的模式，这样能最大限度地避免重复。

对于个人的档案：内部员工的，由于员工工号具有唯一性，将工号作为系统的档案号，并在管理制度中写明，无论员工如何调岗、换部门、换服务的公司，都不要变更员工的工号；外部个人的，将"名字＋身份证号码后6位"作为系统的档案号，这样就可以降低重复的概率。

第二步，设置权限。并不是所有操作人员都有增加、修改、删除系统档案的权限，而是把权限授予有限的一至两个人，有建档或者修改需求的，提交书面申请，经批准后再操作。给编辑系统档案人为设限，而不能每个操作人员随时都可以编辑档案。

第三步，维护。规则和权限建立了，如果失去了监督，仍然不能避免出现重复。因此，经常性的检查与维护必不可少。若有可能，可以设立奖罚机制作为辅助。

5-12：某公司一直用财务软件自动出具财务报表，某个月发现资产负债表左边的资产总额与右边的负债和所有者权益总额不相等，这种情况以前从来没有出现过，你会采用哪些方法找到不平衡的原因

如果之前一直都没有问题，只是本月出现不平，就是出现了新的情况，可能是不该有余额的科目出现了余额，比如制造费用；或者启用了以前没有用过的新会计科目，比如预付账款、预收账款，而这

些科目并没有包含在资产负债表的合计公式中。

参考答案：我通常会通过以下三步来检查错误。

第一步，查看一级科目余额，看看是否有不该有余额的科目，结账后仍然有余额。

第二步，对比近两个月的一级科目余额，看看本月是否启用了新的会计科目，若有，看看资产负债表上是否有此科目的数据，这项数据是否在财务报表合计公式的范围内。

如果执行了前两步还不能发现错误，问题查找起来就很困难了，只能继续进行第三步。

第三步，先把左边和右边的差额计算出来，然后利用这个金额查找错误。查找相同金额的会计凭证、一级科目余额，看看是否有错误；金额除以2，然后查阅相同金额的会计凭证、一级科目余额，看看是否有错误。

通过这三步，一般能找到错误的原因。

5-13：公司结账出具财务报表后发现，资产负债表与利润表的钩稽关系不对，你准备从哪些方面入手查找原因

钩稽关系不对，在财务软件自动出具财务报表的情况下，公式的错误很少见，常见的错误类型有：

1）入账方向错误。财务软件的期间费用类科目，只能计入借方，不能计入贷方，即使是冲红类的凭证，也只能是只有借方没有贷方，这是软件的取数规则所限定的。与此相反，收入类科目只能计入贷方，不能计入借方。

2）结转损益的凭证在前，有若干张补做的凭证在后，而且补做的凭证有部分数据计入损益类科目，导致财务报表模块取数不完整，

外在表现就是损益类科目结账后仍然有余额。

3）本期有直接计入未分配利润、盈余公积、资本公积的经济事项，没有反映在利润表上。例如股东分红、同一控制下的企业合并、提取盈余公积等。

参考答案：我通常会通过以下三步来查找原因。

第一步，查看科目余额，看看是否有损益类科目结账后仍然有余额。若有，就进一步确认是结转损益不完整，还是红冲的损益类科目入错了方向。

第二步，查阅本期有没有直接影响未分配利润、盈余公积和资本公积的事件，如股东分红、同一控制下的企业合并等。

第三步，完成了以上步骤，还不能找到原因的，那就再检查一下财务报表的公式设置是否正确。我相信，经过这几项检查，肯定能找到错误的原因。

5-14：税务利润与会计利润的差异有哪些？请举例说明

由于计算依据不同，两者存在差异。税务利润的计算依据是《中华人民共和国企业所得税法》，会计利润的计算依据是《企业会计准则》。两者的差异共分为两大类：

一是永久性差异，即由于两者的计算口径不一致而产生的差异。这种差异不能延续到以后期间。常见的有罚款支出、不符合公益性捐赠条件的对外捐赠、超过计税标准的工资费用、超标的业务招待费、没有合法票据的各项费用支出等。

二是时间性差异，即由于两者的计算时间不同而导致的差异。这种差异只在一段时间内存在，可以延续到以后期间，最终将不存在。常见的有固定资产折旧、计提的各项资产减值损失等。

参考答案：常见的差异有永久性差异和时间性差异。永久性差异包括罚款支出、不符合公益性捐赠条件的对外捐赠、超过计税标准的工资费用、超标的业务招待费、没有合法票据的各项费用支出等；时间性差异包括固定资产折旧、计提的各项资产减值损失等。

5-15：当前研发费用的加计扣除政策是什么

这是考查应聘者对税收优惠政策的掌握程度。不清楚的，可以登录国家税务总局的网站查找。

参考答案：在 2023 年 12 月 31 日前，在按规定据实扣除的基础上，再按照实际发生额的 75% 在税前加计扣除；形成无形资产的，在上述期间按照无形资产成本的 175% 在税前摊销。2023 年 12 月 31 日之后的政策，以国家税务总局公告的政策为准。

5-16：高新技术企业有什么税收优惠

请查阅国家税务总局网站的公告。

参考答案：国家重点扶持的高新技术企业，减按 15% 的税率征收企业所得税。

5-17：集团公司旗下有一家超市，计划在中秋和国庆双节期间搞活动，策划了两个方案。方案一，满 100 元打 8 折；方案二，满 100 元送现金券 20 元。已知该超市是一般纳税人，增值税税率为 13%，你认为哪个方案更合适，为什么

从收款金额来看，这两个方案的结果是一样的，如果考虑增值税因素，结果就截然不同了。

方案一：销项税 =100×0.8/1.13×0.13=9.20（元）

商业折扣，发票金额与折扣金额必须开具在同一张发票上的，可以用折扣后的金额计算缴纳增值税。

方案二：销项税 =100/1.13×0.13=11.50（元）

现金折扣，必须用折扣前的金额计算缴纳增值税，因为折扣金额是融资的费用。

节税率 =（11.50-9.20）÷11.50×100%=20%

参考答案：虽然两个方案最终收到的款项是一样的，但是从增值税的角度考虑，方案一更合适。因为方案一是商业折扣，税法规定商业折扣的折扣金额与发票金额开具在同一张发票上的，可以用折扣后的金额计算缴纳增值税，而现金折扣则没有此政策，因此，商业折扣增值税可以节省税款 20%，所以方案一更好。

5-18：所得税汇算清缴，常见的调整事项有哪些

所得税汇算清缴，调整的都是时间性差异与永久性差异，要明确这两个差异所包含的内容。

参考答案：常见的调整事项有以下几个。

1）业务招待费，发生额的 60% 与收入的 0.5%，哪个更低。

2）福利费、工会经费、职工教育经费，工资总额的一定比例。

3）费用化的研发费用，经过外部审计可以加计扣除。

4）坏账准备、固定资产折旧与税法计提标准的差异。

5）不合规的营业外支出、没有发票的各项费用开支等。

5-19：会计和出纳岗位为什么要分离

会计与出纳岗位分离，从第一次学会计时老师就谆谆教导，是刻在骨子里的规则。这是操作层面的"术"，初级管理者不仅要知道

怎么操作，还要多问"为什么"，在"道"的问题上勤思考，才会更进一步。

参考答案：出纳与会计两个岗位是不相容的。出纳整理原始单据和付款流水，会计记账并检查监督出纳是否有错误与舞弊行为，而出纳记的流水账，可以与会计所记录的财务账相互印证，确认财务账是否有错误。这两个岗位是互相监督的，所以必须要分离。

5-20：公司的采购业务，申请和批准由同一个人负责，可能会有什么问题

这与出纳、会计岗位分离的道理类似，如果把申请人比作运动员，批准人就是裁判员。自己给自己当裁判，结果会怎样？

参考答案：采购业务的申请和批准是不相容的两个岗位。申请人提出购买理由，批准人判断理由是否成立，有没有更好的解决办法。当批准人也是申请人时，不仅很难发现错误，还很容易滋生腐败。在巨大的利益诱惑面前，权力又缺乏监管时，道德、原则、法律等都会显得苍白无力。把权力关进笼子，不给腐败留机会，这是管理制度要做的事情。

5-21：资产负债表和利润表的上交绝对不能延迟，在距离截止日仅有 1 天时，上级给了你一大袋子某个子公司上个月的银行对账单和原始单据，按照工作量估算至少需要 3 天时间才能完成，怎么处理才能不仅不会延迟出具财务报表，而且报表数据与实际情况相符

这道题主要考查应聘者的应变能力，既然按照常规的做法录凭证出具财务报表行不通，就只统计报表项目数据，这样数据准确性虽

然没有做到100%，但是与实际情况肯定出入不大。

参考答案：我会用Excel建一个统计表，第一行是报表项目，接着把手边的单据按照类别和归属项目进行整理，并合计单据金额，然后把金额过入统计表对应的报表项目中，最后根据上个月的报表数据，计提工资、水电、折旧、摊销金额，把统计表的金额过入到标准格式利润表的"本月金额"和资产负债表的"期末金额"中；至于现金流量表，可以用资产负债表和利润表倒挤得出，如果银行流水不多，也可以导出银行流水电子数据，给每一笔流水标注流量项目，然后按照流量项目分类汇总。这样就能快速出具三大财务报表。

5-22：在出财务报表的关键期，团队某个重要岗位的财务人员向你请假，理由是家里老人生病住院，需要有人照看，你会怎么处理

一个家庭是小家，企业是大家。只有照顾好小家，没有了后顾之忧，员工才会以最好的状态去服务企业这个大家。一家充满人情味、互爱互助的企业，还用担心留不住优秀的员工吗？

参考答案：首先，会第一时间批准假期，并告诉他以病人为重，不要担心工作的事情。

其次，会把工作分摊下去，由于平时的定期轮岗与培训、互助学习，所以有足够的人手来承担这项工作。给工作任务增加的同事，适当提高薪资、绩效。

最后，工作间隙，我会带着部门的同事，去医院探望。

5-23：你通常采用什么方法来提升部门人员的专业技能

提升专业技能的方法有：考证、培训、业务指导、安排新任务、轮岗。

参考答案：首先，我会鼓励他们在不忙的时候考证，这是快速提高理论水平的方法。

其次，通过定期轮岗和业务指导的方法来提升他们的专业技能。轮岗可以让他们成为多个岗位的后备人才，相互指导，他们的专业技能都会有所提高。

最后，在他们遇到业务问题时给予指导，可以让他们少走弯路。

5-24：部门有个同事，近期经常以家里有事为由连续向你请假，至于什么事情他却不愿意告知，你会怎么做

连续请假，理由含糊不清，要么他认为这个理由不方便说出来，要么就是在连续参加面试。无论哪种情况，请假期间的工作不能中断，要有解决方案。

参考答案：既然不愿意说具体的事由，肯定有难处。我会让他提议请假期间的工作代理人，并安排人临时代理工作，请假期间的工作不能中断。

5-25：你重点培养的一名会计，突然提出离职，理由是找到了更好的工作，你会怎么处理

"铁打的企业，流水的打工人"，跳槽离职是再正常不过的事情。虽然重点培养肯定花了不少的心思和精力，但既然对方有了更好的选择，即使勉强留下来，工作的积极性、效率、结果方面也肯定不如之前。放手对双方都有好处，他可以奔向自己选择的美好前程，而企业则可以引入新鲜血液。

参考答案：培养肯定花了不少心思和精力，虽然有万般不舍，

但还是会选择放手。这正好可以给部门其他人一个很好的机会，也可以引入新的员工，带来新的想法和做法。在离开之前，我们一定会深入地聊一下，因为很多真实的离职原因不会写在离职信上，也不一定会告知人力资源部门。

了解到真实的离职原因，若是我们有不足，可以改进。

5-26：你辛苦一个月做出来的工作成果，却被上级全盘否定，你会怎么做

可能的原因是他遇到难题，心情不好；场合不对，有外人在场不方便多说；你的工作成果确实较差，上级只是表达了自己的观点，也许语言有些夸张。至于是哪种原因，要通过观察和沟通确定。

参考答案：如果这项工作不是很紧急，会在上级心情好、没有其他人在场时，简洁地表达我的思路，并请求上级给予业务指导。

如果非常紧急，为了尽快完成任务，我会冒着再次被批评的风险，诚恳地请求上级给予建设性的指导。

5-27：你的工作成绩被公司管理层表扬，但是直接上级说这是他做的，你会怎么做

被上级抢功劳是非常让人愤怒的事情，也是职场中可能会遇到的场景。我们不妨设想一下两种处理方式的后果：

1）保持沉默。在这么重大的事情面前都能忍，会不会给人一种软弱可欺的印象？有了第一次，就会有第二次和无数次，麻烦事会越来越多。

2）直接向管理层投诉。职场上有个"两害相权取其轻"的潜规则，直接上级和你二选一的话，管理层大概率会舍弃你而选择你的直

接上级，因为在管理层看来，直接上级的价值肯定高于你，他们甚至可能把投诉信转交给你的直接上级，授权他来处理此事。你想要的公平、公正，很难实现。

人微言轻，即使你的"言"很有道理，即使你说的是事实，也很容易被忽略。要想被重视，只能知耻而后勇，通过不懈努力，把自己变得更有价值，无论是地位上，还是技术上；或者找到能尊重你的公司。这两种途径比较起来，还是把自己变得强大更靠谱些。

不能忍，又不能投诉，似乎无路可走了，就心怀怨恨地离开吗？

不要心急，你还可以通过沟通的方式解决。可以与直接上级沟通，也可以与直接上级的上级沟通。

与直接上级沟通，听听他这样做的理由，如果直接上级保证仅此一次，以后绝对不会这么做了，且事实证明他说到做到了，可以选择原谅。在这一过程中一定要有防人之心，而且坚守自己的原则：下不为例。

如果他没有信守自己的诺言，你就可以绕过直接上级，向直接上级的上级或者管理层反馈此事。笔者身边有个同事，曾经采用这个办法，取得了直接上级的上级，也就是财务总监的信任。

要是你的运气特别差，直接上级的上级没有给出公正的评判，并认为：功劳都是领导的，过错都是下属的，那么这样的工作氛围就没有什么可留恋的了。这样格局的管理层不可能把公司做大做强，勇敢地走出去，就是海阔天空。

参考答案：我会与直接上级沟通，如果是仅此一次的偶尔为之，而且态度很诚恳，会选择原谅。如果态度恶劣，甚至变本加厉，我会毫不犹豫地向公司管理层反映此事。

5-28：公司有个同事非常难以相处，但是你有一项任务，必须要通过他的协助才能完成，你会怎么做

难以相处的同事，仍然能在公司任职，肯定有他存在的价值。对抗只会把关系闹得更僵。

参考答案：首先，不对抗。只要不是原则性问题，我会顺着他。如果可能，尽量去帮衬他，发现他的优点、闪光点，及时给予真诚的赞扬。

其次，做事有理有据，尽量把事情做完美，少给对方指责的理由。

最后，工作之余私下多沟通交流，拉近彼此的距离。

5-29：你在工作中与别人产生过冲突吗？最后怎么解决的

财务人员在工作中不可能没有与别人发生过冲突，因为坚持原则就可能会损害别人的利益，可能造成别人时间上的损失，例如必须经过某个领导签字授权才能报销，也可能造成别人经济上的损失，比如费用超标等。不坚持原则，财务的岗位就没有存在的必要。冲突不可避免，如何解决冲突才是你能力的体现。

参考答案：业务部门的同事偶尔会因为费用超标问题，与财务人员产生争执。由于管理制度规定，特殊情况经过总经理批准后可以放行，所以我会耐心指导他们提交情况说明，报总经理批准，并且在他们出差前借款时，我会提醒他们注意费用的报销标准。这类事情多经历几次后，冲突就越来越少了。

5-30：你认为下级、上级和平级的同事会怎么评价你

正面的、积极向上的、能展示自己优点的，都可以说。

参考答案：下级会认为我是严格的、有亲和力的、导师型领导，因为我对工作进度和结果的把控非常严格，以诚待人，下级遇到问题，我会与他们一起想办法解决，并在关键点上给予指导。

上级会认为我是值得信赖的，因为交给我的任务我都能出色、准时完成。

平级会认为我是专业的并且原则性强。他们遇到财税问题，我都能从专业的角度用他们能听得懂的语言解答，在他们需要时，我会给予专业指导；但是在执行国家财税法规方面，我会依规办事，没有谈判的余地。

本章总结

财务主管作为初级管理者，除了要在"术"（如何做）上投入大部分精力外，还要在"道"（为什么要做）上循序渐进地下功夫。这样不仅能更好地指导下级，与他们共同成长，还能开阔视野，更加全面地去看问题、解决问题，为在职业上更进一步，打好坚实的基础。

CHAPTER 6
第 6 章

财务经理岗位面试实战：

详情与真题

  作为财务部门的负责人，财务经理是中层管理岗，要负责所属部门的财务及管理工作，包括但不限于会计核算、成本、税务、资产管理、制度与团队建设、预决算、内外部的沟通等。在职位名称上，私营企业可以是会计、组长、主管、主任、经理、总监，工作内容决定了岗位等级。国有企业和事业单位可以是科长、处长。日韩企业一般称为担当、系长、课长等。职位名称一般是公司组建时所确定的称呼，然后沿用下去。职位名称没有统一的标准，叫什么并不重要。

  高层财务管理者，通常指的是财务总监、总会计师、财务总经理、财务总裁等，他们的日常工作除了组织领导财务工作外，还要协助总经理完成董事会的战略。

  财务经理介于高层财务管理者和基层财务管理者之间，是中层管理者，主要职责有：

首先，上传下达。把上级的要求转化成可执行的计划，并监督执行，定期汇报结果。如果只是把上级的要求一字不漏地传达给部门人员，这样的中层就没有存在的必要。如果只是传个话而已，上级可以直接传达给执行人员，打电话、发邮件、发微信等都可以，没有必要单独设立岗位中转。

其次，发现问题。这里的"问题"，既有数据准确性、及时性问题，又有通过财务数据的分析、部门间的沟通等方法，所发现的经营、资金、管理等可能存在的问题。

最后，财务经理要在自己的职责范围内，推动问题的解决。

6.1 专业能力：发现问题、解决问题

6.1.1 发现问题

在学校的时候，我们系统学习过财务比率，一般包括以下三大类：

偿债比率，反映企业偿还到期债务的能力。

营运比率，反映企业利用资金的效率。

盈利比率，反映企业获取利润的能力。

此外，还有：

同比：与历史同时期比较，就是与不同年份的同一时期做比较，例如今年的年7月份与去年的年7月份相比。

环比：与上一统计周期比较，例如今年7月份与今年的6月份相比。

用比率分析可以消除规模的影响，能帮助我们发现公司可能存在的问题。这些比率的计算公式并不复杂，只要有数据，就很容易得

出结果。但最大的问题是不知道或者难以找到合理的参考标准。流动比率多少是合适的？资产负债率多少是合理的？销售净利率多少是比较好的？人工成本同比增加5%是否合理？材料成本环比降低3%是否正常？

有人说可以选取行业数据、标准成本数据作为参考标准，但是行业数据是平均数，不代表合理，很多公司的标准成本数据取自实验室，与量产数据还有不小的差距。所以这类问题没有标准答案。

没有标准答案，就什么都不用做了吗？当然不是。通过初步的数据分析，发现问题后，作为内部管理者有很多便利条件，可以查阅明细账，翻看原始单据，可以访谈业务部门人员，还可以到现场观察操作人员是如何工作的，如果条件允许，临时替代工作人员短时间代岗体验一下，这些都有助于找到真相。类似的事情经历多了，对这些数据会有一种直觉，或者说潜意识。当数据出现偏差时，这种直觉会告诉你数据有问题，你就会不自觉地去挖掘数据背后的真相。

具备了分析内部财务问题的能力后，还要逐步培养通过阅读财务报表发现外部公司问题的能力。关注财经新闻，阅读上市公司的财务报表，来培养对数据的敏感性。如果你能通过阅读财务报表，发现其他公司可能存在的问题，就能轻松发现本公司的问题，这不仅提高了工作效率，可以有针对性地去深入了解，还可能给自己带来巨额财富。

6.1.2 解决问题

《史记·留侯世家》中写道："良药苦口利于病，忠言逆耳利于行。"这句话旨在教育人们要正确对待别人的意见和批评。然而在多数企业中，老板拥有最高权力，同时承担最大的责任，还要面对最大的风险。为了更好地管理企业,他要在员工面前树立自己的威信,只有这样,他的决定才会被坚定地执行。所以,有损他威信的言行,对企业的发展是没有好处的。

"忠言逆耳"本身没错,但是如果"忠言"损害了老板的权威,而带来的好处又不足以弥补时,这样的"忠言"肯定会被舍弃。换个思路想:明知道良药苦口,为什么还要任其发展呢?把逆耳的忠言,改成顺耳的,效果不是更好吗?既解决了问题,又没有损害老板的权威。

民企的老板普遍具有功利性,白手起家的老板更是如此,这是他们过往成功的法宝。刚撒下一把米,就想让鸡下蛋——马上见到效益,要产出远远大于投入,还要让那些努力下蛋的母鸡能无条件迎合。

笔者在工作中接触过上千名财务人员,有曾经的同事,有来应聘的同行,也有参加面试时认识的同行。这些财务人员有一个共同的特点:专业能力强的,沟通能力一般;沟通能力强,与业务部门沟通舒畅,会迎合上级的,专业能力往往一般,很少有专业能力和沟通能力都很强的。

让一个醉心于钻研业务的财务人员去无条件迎合上级,或者让一个善于沟通的财务人员放弃自己的专长,去钻研业务,就有点儿强人所难。

回到"忠言逆耳"的问题上来。作为"打工人",如果不愿意毫无底线地迎合上级,可以采用变通的做法:在上级展望未来的时候,只要没有触及底线的错误,不泼冷水;当不知道说什么话合适的时候,可以保持沉默并微笑。

无论采用哪种方法,千万不要忘记自己的本职工作。若在工作时发现问题和数据背后的真相,要把这些问题分为马上解决、分步解决与不可解决三类,然后向上级汇报问题及原因、自己的工作计划,这样不仅能验证自己的工作方向是否正确、计划是否完整,而且能得到上级的指导与帮助。上级也会感觉到自己被尊重,你的能力也会有充分的展示机会,这是双赢的结果,何乐而不为呢?

要推动问题的解决,汇报的程序必不可少,因为信任是在互相交流与帮助中逐步建立的。如果你像一头牛一样,只知道低头干活,从来不主动向上级汇报,无论什么问题,能解决的都自己解决,不能解决的就放在那里。上级看到你整天在忙,却不知道你在忙些什么,有的问题拖了很久都没有解决,对你的评价能好吗?

6.2 团队协作:1+1>2

每个人的能力和精力毕竟是有限的,而依靠团队与平台的力量,就可以解决一个人不能独立解决的问题。公司是一个平台,也是一个团队,老板和员工都是团队的一员。根据分工的需要,公司这个大团队会分为中心、部门、班组等更小的团队。

由于工作量和内部控制制度的要求,小团队会进一步细分成很多岗位,可以是一人多岗,也可以是一岗多人。部门负责人要做的最重要的事情,就是选人、培养人、用人。选人、用人,很多人都会做,但是培养人这一方面容易被忽视。大多数财务人员都有上进的需求,如果日复一日地从事重复的动作,上升无望,时间久了肯定会厌烦、懈怠,甚至会离开团队。

部门负责人可以通过培训、轮岗的方式,让财务人员有机会"跨界",掌握不同财务岗位的财务技能,成为多面手,来调动他们的积极性。

部门复合型人才多的好处是，当某个岗位出现临时空缺，可以马上有人顶上。培养，不仅有团队技能的提升，还有积极性、效率的提高，薪水可能也会增加。这样的团队协作才会有 1+1>2 的效果。

在教会别人的同时，自己也在不断成长。不用担心"教会徒弟饿死师傅"，也不用担心他们技能提升后会离开团队。同事是如流水的，朋友却是永恒的，他日职场重逢，也许会收获意想不到的助力。

6.3 沟通协调：桥梁和翻译

财务部负责人，也是部门的代言人，要成为桥梁，部门内要连通上下级，公司内要连通销售、生产、采购、研发、人力、行政等内部的职能部门，对外还要连接供应商、客户、银行、税务、事务所等外部单位，这就要求该岗位的工作人员掌握一定的沟通技巧。

会计是一门技术，有很多的专业术语，比如"权责发生制""收付实现制""资本性支出""待摊费用""产品销售成本""库存商品""财务费用""主要风险和报酬转移"等，这些术语对非财务人员来说就等同于"会计黑话"，字都认识，但就是不知道是什么意思。如果沟通的对象是级别比你高的管理人员，你提出了需求，他没有听懂，却不好意思多问，这种不在一个频道的沟通，会有效果吗？

在与其他部门沟通协调的过程中，财务部负责人要做的一件事就是把财务的信息，用他们能听得懂的语言传达出去，确认他们确实听懂了；同时也要把他们的信息，翻译成会计术语，传达给财务人员。

6.4 常见的面试问题

6-1：你认为全面预算成功实施的先决条件是什么

全面预算，很多公司尝试过，结果要么变成财务人员闭门造车的数字游戏，要么部门之间陷入无休止的推诿扯皮。如果公司的战略目标不明确，销售部门会尽量少报收入，这样压力就会小一点；采购部门则会尽量多报支出，以求得资金准备充裕，好跟供应商谈判；生产研发部门会让老板多投入资源。老板则经常把这项工作交给财务部门推动，却没有给予财务部门真正意义上的支持，还要他们担任预算的推动者和鸣哨人。

这样就会把财务部门置于两难的境地：

强势推动？ 肯定会引起业务部门的不满，受气挨骂是常态。更有甚者，为了平息业务部门的怒火，老板重罚甚至开除财务负责人。

以理服人？ 道理大家都懂，推动全面预算增加了很多工作量，不仅没有奖励，干得不好还可能受到处罚，设定部门业绩指标就是给自己挖坑，编制预算的任务肯定是能拖则拖，到最后报上去的数据非常离谱。财务人员一看，数据根本没法直接用，为了平衡收支，就会在汇总的结果上加加减减，得出初稿后上报。

全面预算，兜兜转转，回到原点，还是财务人员的数字游戏，业务部门没有全力配合，执行的效果能好吗？

所以，要想成功地推行全面预算，一定要解决如下问题：

首先，公司负责人主导，不能委托或者授权给财务负责人。为了做好主导工作，公司负责人要熟知全面预算的知识，并把挂在墙上的若干年规划，细分成具体的年度目标，再把年度目标分解到各部门,这样它们才不会乱报数据。

其次,财务核算系统要与预算的各种指标严格匹配。这样预算与决算用同一个口径,据此得出的预算执行结果才有意义。

最后,全面预算的完成情况,要与奖金挂钩。如果干好干坏一个结果,就没有人会关注预算指标的完成情况。只有把预算指标作为悬在部门负责人头上的一把利剑,他们才会认真对待,才有达成预算目标的可能。一步一个脚印地实现了年度目标,战略目标才有希望成为现实,而不是遥不可及的梦想。

参考答案:我认为成功推行全面预算,有三个先决条件。

一是公司负责人主导,这样全公司才会认真对待。

二是财务核算系统要能准确统计预算执行情况。

三是与公司的绩效考核挂钩,这样预算指标才能落到实处。

6-2:母子公司财务报表的合并数与合计数,有什么区别和联系吗

合并数与合计数,肯定是两个不同的概念,但是关联很大,合并数是在合计数的基础上,调整数据后得出的。

参考答案:母子公司财务报表的合并数与合计数最大的区别是,合计数是相同项目数据的简单相加,而合并数则是把母子公司作为一个整体看待,是在合计数的基础上,加上内部交易的抵销数据得出的。在编制合并财务报表时,合计数是基础,调整分录是过程,合并数是结果。

6-3:集团公司的财务报表为什么要合并

长期投资和内部交易的存在,导致某些合计数被"虚拟"的数

据给放大了，不能反映企业集团整体的真实情况，肯定要进行合并调整。

参考答案：合并财务报表是反映企业集团整体财务状况、经营成果和资金流动情况的报表。长期投资和内部交易的存在，导致某些数据被放大了，比如内部销售收入，如果不做合并抵销处理，结果是收入和成本数据分别被重复反映在财务报表上，不仅数据失真，而且使销售毛利率指标失真。只有通过合并调整，才能把企业集团最真实的一面展示给财务报表阅读者。

6-4：跨年度合并财务报表时，有哪些年初项目需要调整，为什么

财务报表的合并，调表不调账。

参考答案：在合并财务报表的过程中，只是在合并主体各个相同项目简单合计数的基础上，进行合并抵销，只是调整报表，并没有调整任何一个合并主体的账面记录。上年度末资产中包含的未实现利润，自动转到下一个会计年度，并反映在期末合计数中，而上年度期末合计数是编制本年度期末合计数的基础。如果仅仅抵销了当期产生的内部交易，忽略了期末合计数中包含的上年度未实现利润项目，抵销不彻底，那么期末合并数据没有反映真实情况，而且会导致资产负债表与利润表钩稽关系错误。

所以，上年度末资产中包含的未实现利润项目，必须要进行跨年度合并调整。

6-5：工厂的考核指标，常见的有哪些

工厂的考核指标，常见的有产量、品质、交期和成本四项，至

于采用哪几项，还是全部采用，要看哪些指标方便取数，而且能真正检验业绩。

参考答案：工厂常见的考核指标有产量、品质、交期和成本四项，我个人比较赞同两个指标，一是人均产量，用完工并检验合格入库的产量，除以平均人数，可以直接考察他们的业绩，而且方便取数；二是成本，考察投入。如果与标准或者历史数据相比，人工成本增加很多，而人均产出在下降，他们的业绩肯定不好。

6-6：常见的融资方式有哪些

常见的融资方式有债权融资和股权融资。

债权融资，包括发行债券、银行贷款、银行承兑汇票、信用证、银行保理（应收账款抵押贷款），资产管理公司的融资租赁，保持一定额度的应付账款等。债权融资的显著特点是不增加公司的注册资本。

股权融资，包括引入自然人股东、机构股东、公私募基金，发行股票、可转换公司债券等。股权融资的显著特点是会增加公司的注册资本。员工持股要区别对待，有的是实际控制人转让一定的股份给员工，是股权转让，不属于股权融资；有的是员工直接投资购买公司的原始股，会增加注册资本，就属于股权融资。

参考答案：常见的融资方式有债权融资和股权融资。债权融资不会增加公司的注册资本，有银行贷款、银行承兑汇票、信用证、融资租赁等；股权融资会直接增加公司的注册资本，有增资扩股、员工直接购买公司的原始股等。

6-7：银行贷款，常见的抵押物有哪些

当前银行认可的抵押物是不动产，包括房产和土地使用权，一

般以不动产评估值的 30% ～ 70% 作为抵押额度。动产抵押，大多用于资产管理公司的融资租赁。

参考答案：目前银行普遍认可不动产作为抵押物，包括房产和土地使用权。

6-8：有没有经历过尽职调查，你们是怎么应对的

尽职调查，是股权投资机构在正式投资前，对标的公司进行估值的一个必备程序，有的是聘请专业的机构如会计师事务所，有的是自己派人，有的是给出一系列资料清单要求标的公司提供数据。

尽职调查都至少包含三部分内容：

一是历史沿革，避免产生股权或者控制权纠纷，为融资上市扫清障碍。

二是过往的业绩，目的是证明团队成员在资金到位后，有能力达成预期的目标。

三是未来预期，融资到位后，能新增多少利润。一般会预做三年的利润表，因为简单实用的估值方法是用未来三年的平均净利润，乘以市场认定的市盈率，可以是可比上市公司市盈率的一定折扣，也可以是固定的 8 ～ 10 倍市盈率。

如果是科技型的公司，还要加上核心科技人员的履历。

参考答案：我经历过一次尽职调查，在某公司任职的时候，投资公司在当地聘请了一家会计师事务所，对我们公司进行尽职调查，上级让我全程主导。他们来公司之前一周，发了一份详尽的资料清单，我分工给财务的同事，时间要求提前了 2 天，资料收集完成后，我们内部先过了一遍，有些拿不准的问题向上级汇报，比如员工持股问题，财务部没有书面资料，而老板在公开场合曾经宣布过公司的几

位高管已经签订股权转让协议，成为公司的正式股东，但是没有进行工商变更，会计师事务所已经掌握了这些信息。

他们入场以后，先要对公司进行初步的了解。我制作了一份PPT，现场讲解答疑，然后按照他们的要求安排生产、采购、销售部门的人进行访谈，我不能在现场。他们的访谈结束后，我及时找被访谈人员了解情况，做出应对方案。

接着他们开始查阅清单上的资料、公司的财务账，并提出一些问题，我尽我所能地解答，拿不准的由老板解答。历时两周，这次的尽职调查我进行了成功应对，因为一个月后，他们的投资成功到位。

6-9：内部控制的关键点是什么

被称为中国萨班斯法案的《企业内部控制基本规范》（财会［2008］7号）于2008年5月22日颁布，于2009年7月1日开始实施。

这套规范，对于企业内部控制若干大的模块，包括公司战略、销售、采购、生产、融资、研发、财务等，都列举了控制的关键点，搭建了内部控制制度的框架，企业要做的事情就是选取适合自己的框架，把砖和水泥、石灰、瓷片填进去。这套规范确实为企业制定内部管理制度提供了指引，如果能真正执行到位，可以提高经营管理水平，防范风险。

但是，制度可能会有真空，不能解决所有问题。

此外，规范的制度，会导致监督者与执行者的矛盾加剧，还可能会影响效率，这是企业在转型时要面临的问题，管理层要综合权衡。

参考答案：内部控制的关键点是不相容职务分离和制度不能出现无人监管的地带，要做到申请、批准、执行分离，大部分事情都有制度做依据。

6-10：通过查阅公司的账面记录，你发现销售部经常在 ERP 系统扣减应收账款，而你并没有在凭证附件上查到任何审批记录。咨询销售部同事，他们反馈是根据会议记录或者老板的口头指示减账的。他们这么做有什么不妥吗？你会怎么改进呢

没有书面授权的减账，事后追查起来非常困难，更无法通过外部审计，还可能会滋生舞弊。例如业务员私下收取客户一定金额款项，然后在 ERP 系统中大额减免应收账款，就是利用规则的漏洞，会损害公司的利益。内部控制要做的事情就是减少这种"三不管"地带，不给舞弊留机会。

参考答案：这种做法在老板看来流程简单、效率高。但是由于没有书面的证据可查，而口头汇报的事情时间久了不一定会记得，给一些别有用心的人留下操作的空间，容易产生舞弊，不可取。

如果我发现这个问题，会首先发通知，规范减账流程，并在以后把减账流程写进管理制度。虽然发通知能快速解决问题，但时间久了大家就忽略了通知的存在，只有制度才能得到长久执行。

6-11：公司在制定会计政策和选用会计估计时，需要怎么做才能顺利通过外部审计

账务处理的基本依据是《企业会计准则》，但是《企业会计准则》给了一定的选择权。在会计政策上，会计确认的依据要具有充分的可验证性；会计估计要尽可能地被限制，保持不同会计期间的可比性；会计方法上，过程可控、结果可验证。

参考答案：《企业会计准则》给了一定的选择权，所以在会计政

策和会计估计上,一定要制定过程容易控制、结果可以验证的规定,尽量减少过于自由的职业判断。

6-12：税务筹划的方法有哪些

参考答案：税务筹划的方法分为三类。一是充分利用税收优惠政策节税,例如国家重点扶持的高新技术企业所得税税率为15%,软件企业增值税即征即退；二是通过一系列运作,把高税率转变成低税率,例如有形动产租赁的税率为13%,只需要配备安装人员,就变成安装服务,税率就变为9%；三是通过合法操作,把不可能变成可能,例如私户发放的临时工工资,不能在缴纳所得税前列支,如果通过劳务派遣公司用工,就可以取得6%的增值税专用发票,不仅可以在缴纳所得税前列支,还能抵扣增值税。

6-13：你怎么看待税务筹划

参考答案：税务筹划就是在合法的前提下,充分利用国家的税收政策,通过一系列操作给企业节税,我是非常支持的,在过往的经历中也操作过。合法是大前提,操作要基于真实的业务,并结合公司的实际情况进行筹划。比如软件产品退税,要在公司组织结构上进行调整；申请高新技术企业,要对公司现有的核算状况进行整改等。这个过程不能造假,造假就成了偷税漏税,要付出惨痛代价。

6-14：一家小型公司,在什么情况下,在缴税方面成为小规模纳税人比一般纳税人更合适

一般纳税人应纳税额＝（不含税销售收入－可以取得专用发票的不含税采购金额）×13%＝增值额×13%

小规模纳税人应纳税额 = 不含税销售收入 ×3%

要想小规模纳税人比一般纳税人更合适，必须是小规模纳税人本期应纳税额小于一般纳税人本期应纳税额，上述两个等式就可以变形为

增值额 ×13% > 不含税销售收入 ×3%

公式两边同时除以"不含税销售收入"和13%，就可以得出

增值额 / 不含税销售收入 > 3%/13%

进一步计算得出：增值率 > 23.08%。

所以，当增值率大于23.08%时，同等条件下，一般纳税人缴纳的增值税会更多，成为小规模纳税人也就更合适。

这里的增值额，等于不含税销售收入减去能取得专用发票的不含税采购金额，并不等于毛利额。因为有些开支不能取得进项专用发票，比如工资。

参考答案：如果增值税一般纳税人的税率是13%，取得的进项发票的税率都是13%，小规模纳税人的税率是3%，当不含税收入减去不含税采购金额后，除以不含税销售收入的结果大于23.08%（= 3%/13%）时，成为小规模纳税人会更合适。

6-15：我们是一家工程机械出租公司，租赁设备增值税税率为13%，客户都是一般纳税人，要求开增值税专用发票，一直以来税负都很重，在合法合规的前提下，你有更好的办法降低税负吗

动产租赁的增值税税率是13%，而工程、安装和其他建筑服务的税率是9%。

参考答案：客户租赁设备用于工程、安装或者其他建筑服务的，如果我们在出租工程机械的同时，随着设配配备操作人员，就可以把动产租赁收入（税率是13%），变成工程、安装和其他建筑服务收入（税率是9%），由于配备了专业的操作人员，收费可以适当提高。这样不仅增加了公司的收入，还能把收入的增值税税率由13%降低到9%，可以有效降低税负。

6-16：我们有一台价值4 000万元的设备，关键部件老化了，状况频出，计划今年进行升级改造。经过询价，需要购买的零部件共计1 800万元，还要更换一台配套设备，400万元，改造之后，这台设备可以继续使用5年。由于改造投入了大额的资金，有没有办法让我们今年可以少交所得税，以缓解资金压力

根据《中华人民共和国企业所得税法》第十三条，固定资产的大修理支出应当作为长期待摊费用，按照固定资产尚可使用年限分期摊销。固定资产的大修理支出有两个标准：

1）修理支出达到取得固定资产时的计税基础50%以上。

2）修理后固定资产的使用年限延长2年以上。

按照题目的设定，升级改造支出属于大修理支出。如果企业处于正常生产经营状况，在当期直接扣除修理支出对企业更有利。如果企业的固定资产修理支出达到了大修理支出的标准，可以通过采取多次修理的方式来获得当期扣除修理费用的税收待遇。

参考答案：有两个方案供选择。

第一种方案，分批投入。如果不影响生产进度，可以分批投入，比如今年先购买零部件，明年再更换设备。

第二种方案，通过商务谈判等手段，把改造支出控制在 2 000 万元以内。

这两种方案都可以使这次的升级改造支出，达不到税法规定的固定资产大修理支出的标准，产生的费用可以全额在当年计算所得税前列支，减少资金占用。

6-17：如果"空降"到一个公司，你准备如何开展工作

升职加薪是每个打工人的梦想。在升职的同时，薪水一般也会上涨。

升职有两条途径：一是内部晋升，职位刚好出现空缺，你在众多的竞争者中脱颖而出；二是跳槽。

内部晋升。由于你已经在公司工作了一段时间，而且老板对你的综合能力非常认可，当领导岗位刚好出现空缺时，机会就来了。

跳槽。当你经历过涨薪 50% 以上时，就会不自觉地爱上这项"运动"。跳槽涨薪最快，没有足够的利益驱使，跳槽没有任何意义。

管理人员跳槽到一个新的公司，就是"空降"，新环境、新业务、新同事、陌生的团队，要想站稳脚跟，就必须解决两个问题：人和事。

参考答案：我会通过四步来开展工作。

第一步，先跟同事做朋友，互相了解。

第二步，下一线，了解业务，日常工作不能停下。

第三步，拉一个小团队，策划一个小的任务，立一个目标，大家集体配合，在完成任务的过程中建立威信。

第四步，让团队成员参与制订未来的工作计划，让他们感觉到自己被尊重。

6-18："空降"到一个公司，部门有部分成员不听你的，怎么处理

每个"空降"职员都可能会遇到这个问题。敢于对新领导发难的，一般都是资深员工，是过往公司经营中的"功臣"。他们往往是业务骨干，掌握一些你暂时不知道的信息或资源。

这个问题有两个解决办法。

一是硬碰硬。但这种做法两败俱伤的可能性较大，不建议使用。

二是采用迂回策略。《孙子兵法》中说：实而备之，强而避之。我们要保持冷静，有信心，不被其所扰。只要工作的事情不出问题就行。等熟悉工作内容和环境以后，向上级汇报自己的工作计划，得到肯定后，再给他们设定目标，要是达不到，就有足够的理由处罚他们或者换人了。

参考答案："空降"过来，跟他们没有个人恩怨，只要不影响工作的正常进行，他们对我表达不满是他们的自由。如果确实是我的原因，我会改正并真诚道歉，如果不是，就不予理睬。要是影响了工作，我会根据过失的大小和公司的制度对他们进行处罚，经过多次提醒仍然不改正的，我会考虑用更合适的人员把他们替换掉。

6-19："空降"到一个公司，财务部门出现大批量的人员离职，你怎么处理

这种极端的情况偶尔会出现，比如公司搬迁到异地，以本地人居多的财务人员肯定会出现大批量的异动。

遇到这种情况，肯定要先把班子搭起来，找到临时接手他们工作的人，等日常工作理顺后，再根据临时班子人员的表现，准备留用的，就给他们锻炼的机会，用心培养；不打算留用的，就分批替换掉。

参考答案：我会用最快的速度找到接手工作的人员，先把团队建好，然后再精选合适的人员深入培养，不合适的分批替换，这样不会影响日常工作的进度。

6-20：如何提升部门人员的专业技能

练为战，单纯听课是没用的，在理论知识提升的同时，还要在工作中持续性地实践、总结、再实践，技能才会稳步提升。

参考答案：在一项新的业务开始之前，我会先告诉他们要做这件事了，计划什么时候完成，达成什么样的目标。我会制作一个PPT文件，给他们宣讲要怎么做。

第一次，我做给他们看。

第二次，他们做，我在关键点上指导。

第三次，放手让他们去做，我来检查结果，并点评，大家一起总结。

第四次，让他们主导做，给我汇报工作计划、目标和完成时间，我来监督跟进。

一个循环下来，只要是有上进心的、不是特别笨的，就具备了独当一面的能力。通过这种方法，我成功地培养了两个财务经理、五个财务主管。他们中有的人年龄比我大，之前因为缺乏指导和展示自己的平台，一直成长缓慢。

6-21：有一家非常赚钱的公司，却要宣告破产了，可能的原因是什么

公司非常赚钱，说明产品、销售都没有问题，却要宣告破产，大概率是资金链断裂。

参考答案：公司非常赚钱，说明公司的经营方面正常，而要宣告破产，只要不是因为严重违法，那么大概率是公司的资金链出了问题，甚至断裂。

6-22：ABC 公司属于制造业，该公司 2020 年 12 月 31 编制的财务报表简表见表 6-1，请分别从资金和盈利两个方面，分析该公司可能存在的问题，并说出判断依据

表 6-1　财务报表简表

报表项目	期末数（元）	报表项目	本年数（元）
货币资金	542 198	营业收入	18 650 640
应收账款	9 804 000	营业成本	9 880 325
商誉	12 420 389	营业利润	362 530
开发支出	5 360 724		
短期借款	683 740		
长期借款	198 370		

粉饰过的财务报表数据都非常"好看"，现实往往业绩平平，甚至会发生从巨额盈利到巨额亏损的惊人逆转。

蓝田股份在鱼塘里造就业绩神话；獐子岛的扇贝如同被安装了遥控器，可以根据财务报表的需要，非常配合地游走又游回来，甚至出现了扇贝游走了 1.0、2.0、3.0 的三个版本，三番五次拿同一个理由来欺骗股民；皇台酒业 6 700 万元的白酒库存凭空消失了。即使我们认为绝对不会造假的货币资金，都能出漏洞，康美药业 299 亿元现金消失，康得新 122 亿元存款消失……财务报表的数字也极具迷惑性。

要想不被财务报表的数字所迷惑，就要练就一双"火眼金睛"，当发现造假的迹象时，要慎重下结论。常见的造假迹象有：

1）实际控制人股权质押比例过高，比如 90% 以上。

2）远高于同行业的毛利率。

3）隐瞒关联交易或者严重依赖关联交易。

4）经营现金流差。

5）存款、贷款双高。

6）有大量海外收入。

7）存货盘点验证难度大。

8）分红少。

9）高研发费用资本化。

10）高商誉。

这 10 条，是对已经发现的财务报表造假案例的归纳总结，不是全部。随着时代的发展，肯定有新的造假手法出现，需要各位同行去挖掘。

股票投资者发现目标公司的财务报表有造假嫌疑时，肯定要"敬而远之"。市场上有那么多好股票可以选择，没必要去火中取栗。

参考答案：1）存款和借款双高，说明货币资金中限制使用的比例较大，存在债务违约风险。

2）期末应收账款占本年营业收入的 50% 以上，说明大量的收入是赊销，公司资金紧张，现金流可能存在问题。

3）期末商誉是营业利润的 34 倍，如果发生减值，会造成公司多年的盈利清零。

4）期末开发支出是营业利润的 15 倍，说明公司的盈利状况远没有利润表显示的那么漂亮。

综合判断，公司资金状况堪忧，盈利状况不佳，业绩有造假嫌疑。

补充：可以根据应收账款余额与当年营业收入的比率，来判断该公司的资金状况，这个比率虽然简单却非常有效，是笔者在实践中经常使用的一个指标。公式为

应收账款与收入比 = 应收账款年末余额 / 当年营业收入

指标解读：这个指标越低越好，如果过高，比如超过 50%，说明当年的收入中，有 50% 以上形成应收账款，说明公司的资金非常紧张。公司要靠融资才能维持下去，长此以往，只会陷入恶性循环，收入规模越大，资金缺口越大。

可能有人会质疑，应收账款含税，营业收入不含税，两者比较基础不同，再说，行业有差异，总不能一概而论吧。

这个指标不仅没有考虑税款，也没有考虑坏账准备，而且营业收入中还包含其他业务收入呢，既然是简单的判断方法，能粗略得出结论就行，不用那么准确。至于不同行业，肯定有差异。但是对于任何一个公司来说，指标值超过 50%，资金都会非常紧张。在面试中，笔者仅仅依靠这个指标，发现多家目标公司资金紧张，后来的事实也证明笔者的结论是对的。

这类公司，之所以要远离。是因为资金压力非常大，现金流不充裕，可能不仅工资不能按时发放，甚至连税款、社保都无力支付。利润表上所展示的业绩再亮眼，不过是"纸上富贵"而已。

6-23：ABC 公司属于制造业，该公司近 5 年的财务报告简表见表 6-2，给你 5 分钟时间，请说说你对这个简表的看法

表 6-2　ABC 公司财务报告简表　　（单位：万元）

报表项目	第 0 年	第 1 年	第 2 年	第 3 年	第 4 年
长期投资	100.00	500.00	800.00	1 200.00	1 800.00
固定资产	2 000.00	4 000.00	9 000.00	20 000.00	25 000.00
净利润	50.00	100.00	500.00	800.00	900.00

资产在增长，净利润也在增长，一切都很正常。如果把两个指标结合起来，看投入与产出比，就会得到不一样的结果。

《巴菲特选股秘笈》一书中创造了地雷股侦测的有力工具——盈再表。

盈再表中提到一个概念：盈再率，是盈余再投资率的简称，就是资本支出占公司盈余的比例。计算公式为

盈再率 =（第 4 年固定资产 + 第 4 年长期投资 - 第 0 年固定资产 - 第 0 年长期投资）/（第 1 年净利润 + 第 2 年净利润 + 第 3 年净利润 + 第 4 年净利润）×100%

公式说明：1）资本支出是用来购买机器、厂房、土地使用权的费用，反映在资产负债表上的"固定资产"项目与"长期投资"项目。把长期投资也算进来，因为有些产能的扩增是通过公司转投资进行的。

2）每四年计算一次，因为电子行业的景气循环周期为三年，传统产业则是五年半，为求一致而取四年。

指标解读：盈再率，用来测算为了保持当前的盈利水平，需要

投入多少年的经营成果,也就是净利润,这个指标越低越好。指标值越高,公司真正能留存的收益就越少。

一般合理的指标值是80%以下,行业不同,这个指标的取值肯定有差别。

当超过100%时就要提高警惕了,因为要把最近四年的净利润全部投进去,才能维持当前的盈利水平。如果经营目标没有达到预期,还要通过举债、增资等手段才能维持。而举债会增加财务费用,增资则会降低每股收益,这对公司来说不是好事情。

把表6-2中的数值代入上述公式,就可以得到

盈再率(盈余再投资率)=(25 000+1 800-2 000-100)/(100+500+800+900)×100%=1 073.91%

参考答案:该公司最近四年长期投资和固定资产的增加额,是净利润的近11倍。从数字来看,公司这几年投资的力度非常大,不仅要把最近四年的净利润全部投进去,还大量举债或者增资用于投资。但是,并没有得到产出与投资额相匹配的效益。这会大幅度增加公司的资金压力,对未来的业绩也非常不利。要么经营处在恶性循环中,要么就在做假账。

建议:当财务问题运用财经圈所知的工具无法解决时,不妨在财经圈之外找答案,也许会有意想不到的收获。本例就是在价值投资领域找到了答案。

6-24：你的直接上级（也就是财务总监）脾气不太好，安排工作时总是简单一句话，只要多问一句马上就会骂人。当前公司正处在股改期，时间紧、任务重，整个财务部的同事压力非常大，财务总监的压力更大。前期为了应对内控审计，集中全公司的力量出具了一套看上去很规范的制度体系，但是可执行性太差，财务总监要求你在一个月内出具制度手册，你会怎么做

领导身居高位，责任越大压力也越大。因此我们不能因为领导骂人就不去面对。有的人被上级一骂就不知所措了，然后顺着领导的思路走，甚至不懂装懂，即使偏离原意也不敢发问，更不敢表达自己的想法，久而久之，就会失去独立思考的能力。这样如何能把工作做好，怎么可能有长进呢？

领导布置任务就简单一句话，不明白就要问，甚至要反复确认。如果真的领会错了领导的要求，当工作完成90%了才发现方向完全错误，想弥补都来不及。

从题目的设定来看，公司的制度手册已经完成了，缺的就是执行。财务部人员不多，一个月内重写编写制度，肯定完不成，而且是重复做无用功。财务总监想要的，大概率是制度的落地计划。这是笔者分析的结果，至于是不是，要通过沟通去验证。

参考答案：工作中会遇到各种性格的领导，不能因为怕挨骂而耽误工作。我会立刻找总监沟通：总监，刚才您布置的任务，我的理解是编写公司制度的落地计划并推动执行，您看对吗？

6-25：上级布置的任务，你认为有明显的漏洞，按照他的意思执行肯定达不到预期目标，如果不执行就违背了上级的指示，你会怎么做

在工作中会遇到各种各样的上级，有喜欢推卸责任的，有喜欢抢功劳的；有严于待人宽于律己的；有故作神秘的，布置任务只说一半，余下的让你自己领会或者猜；有谆谆教导下级的老师型的；有兵强将弱能力一般的，等等，不一而足。

他们所处的位置，决定了他们在信息和资源方面，与下级相比有很大的优势，所以看问题肯定比下级更全面。如同盲人摸象，你看到的只是你关注的一部分，比如象腿、象头、长鼻子，而他们看到的是一头完整的大象。

上级爱面子，你就不要在公共场合让他下不了台；上级看问题全面，你就不能直接质疑他的决定。靠谱的做法是，在没有其他人在场的情况下，以请求解惑的语气向上级请教，在上级解答的过程中，你可以反复提出自己的疑问。如果他们考虑问题不全面，这样既帮助了上级又顾全了面子，肯定是双赢。如果发现是你自己考虑问题不全面，这样既拓展了视野，又坚定了执行上级布置的任务的决心，更有助于目标的达成，而不像之前那样，心存疑虑。

参考答案：当没有其他人在场时，直接请教："A总，刚才您安排的月底前完成的任务，有几点我不太明白，还想请教您。"然后说出疑问。

6-26：下属把一个自认为很完美的策划案主动汇报给你，你认为漏洞很多，按照他的策划案执行会有大问题，你会怎么做

下属肯定对本职工作非常热爱，才会主动提交策划案。首先，

他积极主动的热情肯定不要忽视，更不能打击。其次，策划案好，要明确地指出好在哪里；如果有问题，要提出改进的方向，便于他们提交更完美的方案。

提出的反馈意见至少是建设性的，这样下属就会有整改的方向，他们也会感到自己被尊重、被重视，工作的积极性会更高。

参考答案：这个策划案，你肯定花了很多心思。有几个地方写得不错……但是这几个地方要调整一下，如果改成……就会更好，你拿回去修改一下再汇报给我。

6-27：业务部门有一张不合规的单据，费用会计已经做退单处理，但是经办人绕过财务部门直接找总经理签字批准，现在他把单据拿到财务部门申请款项，你怎么处理

总经理并不一定了解制度的规定，业务人员拿着报销单找他签字时，他可能直接签了；也许总经理认为这次可以放过，下不为例。具体是哪一种情况，要跟总经理当面确认。

参考答案：没有其他人在场时，我会拿着单据直接找总经理，如果总经理不了解制度的规定，我会详细解释，并请示这次的签字怎么处理；如果总经理认为这次可以放过，下不为例，那我会在事后直接告知经办人，总经理说下不为例，以后要按照制度规定办理。

6-28：你们部门拟定的制度，经过向全公司中层以上征求意见、培训考试与试运行后，开始正式执行。这时公司联合创始人之一，同时也是二股东的副董事长，说制度存在问题，要马上修改，你会怎么应对

有些人想要阻止新制度的施行，肯定有他们自认为充足的理由。

遇到这个问题时，一定要多请示老板，千万不要自作主张。

参考答案：一项制度在发布之前，肯定要经过老板的确认。如果最终的决定权在老板，那就让副董事长向老板汇报，高层之间沟通更顺畅；如果是全部授权，我会首先谢谢他发现问题，然后对他提出的问题归类，属于制度漏洞的，发通知补充，并在下一次调整制度时修改；属于对期限、标准不满意的，把问题记录下来，下一次调整制度时，提醒他把意见公开说出来，讨论通过后调整。

本章总结

在知识体系方面，作为在职场上拼搏的财务人，当学习了财务的各种技能后，遇到瓶颈，难以长进时，不妨跳出财务的圈子，广泛学习，提高认知，也许另有一番收获。比如财务分析，价值投资者对上市公司的研究深度，甚至强于公司内部的财务人员，他们的研究方法、分析的指标体系、看问题的角度，都值得我们在做财务分析时借鉴。

再说职业方面，对任何一个人来说，上级、上级的上级可能就是你职业的天花板，让你无法逾越。当你具备足够的实力，却晋升无望时，不妨走出去，换一家公司，也许能有一番作为。

这并不是鼓励各位读者频繁跳槽。频繁跳槽的恶果是给人稳定性差的印象，很容易导致终生失去做财务人的机会。

近几年，职场一直在讨论35岁、45岁"大龄职场人"问题，如果35岁还在应聘初级岗位，45岁之前还没有稳定下来，以后从事财务工作的机会就越来越少。靠谱的做法是在35～45岁选择一个单位深耕，从业务、经营、资金、财务到管理等，把自己培养成复合型人才，而不是单纯的财务人员，这样职场的路才会越走越宽。

CHAPTER 7
第 7 章

财会面试者应聘实例分享

7.1 一位会计专硕的秋招感受

（人物简介：雨桐，北京某财经类院校会计专硕毕业生。）

谈起秋招，我觉得用两个字形容十分贴切——磨砺。秋招给人带来的不仅仅是技能上的提升，更有心态上的转变。总的来说，秋招的过程是不断根据现实进行自身定位与心态调整的过程。

我在研一刚入学的时候，听到师兄师姐讨论秋招，一种无形的压力随之而来，仿佛下一秒就要进入秋招大军，开始海量投递简历，开启海量面试之旅。等到今年我自己亲历这些时，发现秋招带给人的是双重改变。因为我性格较为沉稳，所以投递简历的企业多为国企。

秋招前，我觉得学历提升的优势应该会在找工作上有明显体现，因而初期应聘的岗位主要是国有银行的省行管培生。但反馈结果给了我一记重拳，投递简历的四个国有银行，只有一个给了我反馈，还将我调剂至客户经理岗位。这个结果是我怎么也没有想到的，也是这个结果让我开始重新反思自己的定位。优秀的人远比我想象得多，一定要保持一颗谦卑的心。之后，我在投递简历的时候会搜集一定的资料进行了解，听取老师和师兄师姐的建议，及时进行调整。整个秋招下来，我能明显地感觉到自己对未来的规划比原来清晰了，也知道了自己想要什么。在秋招期间，我一共参加了八家企业的面试，共有四家进入终面，但在最终环节我根据自身情况进行了取舍。在比较录用意向书时，我会向老师、实习单位的同事咨询。正是大家的建议，让我的秋招之路走得更加坚定。

秋招结束时，我收获了一张相对满意的录用意向书，但我知道不能就此停下，我会以更加成熟、坚定的心态投身接下来的春招。春招我的方向依旧为国企和事业单位，我会朝着这个方向不断努力。祝愿所有的毕业生都可以拿到满意的录用意向书！

7.2 两次失败的实习面试心得

（人物简介：小刘，北京某财经类院校审计专硕毕业生。）

我有两次失败的国际四大会计师事务所实习面试经历。

第一次是面试 P 所硕士领英计划的经历。在投递简历和进行相关测试时都没有太大的感觉，在收到面试通知时，我突然开始很紧张，因为在此之前从来没有过面试的经历，不知道面试需要准备什么，面试过程是怎样的，也不知道面试官会问些什么问题。身边一些有过经历的朋友都说过程很轻松，只要准备好自我介绍就行，其他随意发挥。我的 P 所面试是线上进行的，时间从下午两点一直持续到五点。刚开始是自我介绍，招聘人没有给我们安排序号，而是让我们 20 多个人准备好后主动发言，做自我介绍，我由于突然网络不稳定，一直听不到招聘人说话，画面也一直保持静止的状态，等我弄好网络之后已经有很多同学自我介绍完了，我还没冷静下来就慌乱地举手开始发言。大家都发言之后，招聘人把 20 多个人分别安排进两个线上"会议室"，让大家开始看案例，20 分钟后进行自由讨论并选出一个人做展示，在讨论过程中大家都各抒己见，和研究生课堂中的小组讨论很相似。到最后，面试官只问了一个问题面试就结束了。

第二次实习面试是在 B 所现场进行的，我以为经历了第一次面试之后我会轻松很多，没想到现场面试不同于线上面试，我感觉更紧张，在坐地铁去事务所的路上我一直很焦虑，一直到面试时。一个面试官把我们领到会议室开始对面试流程进行简单的讲解，然后就开始按序号进行自我介绍。由于紧张过度，我感觉在做自我介绍的时候并没有表现得很好，声音一直颤抖，内容也没说完就匆匆结束了，之后的面试流程与 P 所类似，这个部分因为之前面试经历过，所以紧张程度大大降低。总之，在经历了这两次面试后，虽然目前还没有收到面试结果的通知，但是我感觉在面试过程中状态真的很重要，一定要放轻松、自信。在面试中，整体精神面貌和心态是第一位的，其次可能才是在面试讨论中所做出的表现，希望自己下次在面试的时候能做得更好，也希望自己这次能收到心仪事务所的录用意向书吧！

7.3 两次成功应聘的经验分享

（人物简介：小彭，北京某财经类院校审计专硕毕业生。）

我很荣幸地参加过国际四大会计师事务所中的三家事务所的面试。样本量虽然不大，但也从中获得了一些经验。我认为面试最重要的是保持自信并且充分表现自己。

首先是自信。这一点是最为重要的。在四大会计师事务所的面试中，都少不了自我介绍，山外有山人外有人，总有人学历比你高，经历比你丰富。如果不自信，心理上就觉得低人一等，甚至产生"我不配""我就是来陪跑的"等消极情绪，你就丧失了冲劲，丧失了向面试官展示自我的表现欲，那么你的面试表现就很可能不太好，出现失误情况的概率将会大大增加。在面试 A 所的过程中，我就出现了不自信的情况。在听到同组中有来自排名比自己学校更靠前的竞争对手时，当听到同组中有人英语流利专八水平时，我心里深深自卑，觉得自己没什么希望了，气势上就矮了一截，后续的面试也是接连失误，甚至开始计算面试结束的时间还有多久，盼望早点结束。不出所料，我没有得到这一家事务所的录用意向书。

在有了一次失败的经历后，在接下来的面试中，我努力放平心态，既然能来面试，那么大家就站在同一条起跑线上，面试表现的好坏才是决定性因素。在第二家事务所的面试中，我的表现就比较自然从容，不卑不亢，最后被同组人推荐当总结人，顺利地拿到了录用意向书。

在第三家事务所的面试中，即使同组有清华、人大的毕业生，我也能自如应对，适时提出自己具有建设性的想法，最终也获得了这家国际大所的录用意向书。

其次是要学会充分表现自己。一个人平时表现优秀，拿了很多奖学金，拥有很多实习经历，但是在工作面试时不能充分展现自己的能力，说话唯唯诺诺没有底气，思维混乱没有逻辑，会给人不可靠的感觉，那么也很难得到面试官的青睐。面试时紧张是在所难免的，也很难完全克服紧张的情绪，我们要做的就是尽可能放平心态，给自己积极的心理暗示：放轻松，我可以！尽可能减少紧张带给你的影响，多多在面试官面前表现自己。在面试第三家会计师事务所时，同组有个本科和研究生都就读于国内顶尖财经院校的应聘者，在做自我介绍时，我就能听出她十分紧张了，介绍时磕磕巴巴的，后面的案例讨论也不太敢发言，完全没有充分展现自己的优势；相反，一位本科毕业于国内普通工商大学的应聘者则是落落大方、敢说敢做，思考欠缺的地方就勇于承认，虽然学历略低，但是整体给人的印象很好。

此外还有一点，面试当天要仪表得体，举止有度。在面试这种正式场合，最好身着正式西服，女生化淡妆，男生打领带，给面试官留下一个清爽、干练的好印象。此外，在面试过程中要保持谦虚，愿意聆听他人的意见，不要太激进、偏执，因为任何一家公司，都比较看重员工是否能与他人良好合作、良好相处。

1. 第一家事务所的面试

面试题主要是商业案例讨论。

首先是群面。一个小组 8～10 人，先轮流自我介绍，可中文可英文，时间控制在 3 分钟以内。然后发案例材料，有 15 分钟左右的时间阅读材料，我所在的小组拿到的案例是：F-Taxi 公司计划实现利润增长，目前有两个目标市场，根据提供的一系列市场数据和客户信息，分析讨论选择哪个市场，并说明理由和优缺点，最后给出商业计划书。读完材料后每个人大概有 1 分钟时间发表自己对案例的看法，选择哪个市场及其原因。其次是进行小组讨论，这个过程持续 40 分钟左右，需要解决目标问题。最后是向经理汇报解决方案。

群面结束后是经理单面，一对一面试，主要会针对简历进行提问，如果之前有过审计相关的实习，就会问得很具体，比如：银行函证金额是以银行对账单为准的吗？已开立账户清单的作用是什么？海外账户函证的具体操作是什么？此外，面试官也会问一些基础的问题，比如：为什么想来我们公司？你能给我们公司带来什么？你有什么想问我的吗？然后整个面试就结束了。

2. 第二家事务所的面试

面试题主要是辩论赛。一个会议室大概有 10～12 人，分为 A、B 两组，分别代表正方和反方。首先是破冰活动，每个人抽一张纸（英文），上面有四个趣味问题，选一个问题回答，回答时先介绍姓名、学校、专业，然后对所选问题进行回答，一般是每个人 1 分钟。

破冰问题：

1）第二天醒来希望变成什么动物？为什么？

2）用一种颜色介绍自己。

3）你想生活的一个地方。

4）如果要文身选择什么图案？

5）给你的人生想/选一句座右铭。

6）希望人生有后退键还是暂停键。

7）什么事情小时候做长大了继续做？

8）如果一件 T 恤穿一年，上面写一个词语，你会选择什么词语？

9）如果再增加一个节日，你希望是什么节日？

10）如果每天可以多一个小时，你会用来做什么？

11）如果可以穿越，你想往前还是往后穿越100年？

12）如果你变成一种花，会是什么花？

13）如果你想在某一方面成为专家，是哪一方面，为什么？

然后开始辩论。先阅读案例5分钟，案例语言是英语。之后流程的语言不做要求。具体流程：每组各自讨论10分钟，每组各自立论2分钟，自由辩论12～20分钟，每组各自讨论1分钟，每组结辩2分钟，每组自选一个人展示。我当时需要讨论的题目是：月光族到底好不好？我的持方是正方，即支持月光族，我们从宏观和微观两个层面进行了分析，认为宏观层面：月光族能刺激消费，拉动GDP增长，拉动内需刺激市场供给增加，增加货币流通；另外，国家的社会保障机制较为完善，能为月光族提供保障。微观层面：花得多赚得多，负债过日子是一种压力和动力；花出去的钱可以是为了自我提升交的学费，当下的困顿是为了未来有更好的竞争力；月光族也不一定就是物质消费，可以是购买保险、理财产品，未来抵御风险的能力未必差。

辩论结束后，面试官分别对A、B小组进行群面，首先是自我介绍（中英文都可以），然后会问：你觉得刚刚对面组的表现怎么样？请评价一下同组的成员。再就是针对简历进行一些深度提问。

3. 第三家事务所的面试

面试较为简单，只有自我介绍和活动策划两个环节，一个组7～10人。首先是一分钟英文自我介绍，接着就开始看案例。案例是活动策划，有15分钟左右的时间来阅读案例（英文），然后直接自由讨论，可以展示也可以不展示（大概20分钟）。我的案例是策划一场年会，有邮件有表格，包含总预算、员工偏好、四家酒店信息、领导行程安排、抽奖活动信息，等等。群面结束后就是单面。当然，有了前面两次面试，我这次的表现比较优秀，面试官没问几个问题面试就结束了。

7.4 三次成功应聘的面试感受

（人物简介：小伍，某财经类院校审计专硕毕业生。）

我当时选择就业单位时考虑的因素很简单，也很直接，就是想要确认自己是否真的热爱审计行业，并且同时希望能够体验顶尖会计师事务所的工作环境和氛围。所以，我首先瞄准了我的目标投递单位——国际四大会计师事务所。下面分享的三段经历都是围绕面试会计师事务所展开的。虽然是相同类型的大公司，但是它们的面试形式和流程还是有较大区别的。经过了这三次面试，我对财会、审计行业有了更加深入的认识和了解，同时也从中总结出了很多经验和教训。

1. 面试初体验——"心惊胆战"的经理单面

我收到的第一份面试邀约是P所的风险咨询岗位。因为我在投递简历时留下了P所人事部工作人员的联系方式，直接把自己的简历和自荐信发到了人事的邮箱里，所以人事安排了经理单面。我在面试前一天才收到通知。第一次面试准备得有一些仓促。在确保简历中的信息完整准确之后，我又在公司楼下自己默默地背了十来遍自我介绍。那天的面试官一共有两位，其中一位是风险控制咨询部门的经理，看起来十分和蔼可亲，但也很严肃，我非常紧张，坐在椅子上一动不敢动。一开始，经理让我做自我介绍，我长吁了一口气："幸好我背了很多遍。"但就是因为背得太顺溜，做完自我介绍之后，两位面试官都笑了，说我一口气都不带停顿的。虽然感觉气氛被活跃了起来，但我清楚地记得在那一刻我的衬衣背后已经因为紧张而湿了一半。随后，面试官对我简历里写的实习经历、志愿活动经历进行提问，希望我能详细地介绍一下自己都参与了哪些工作，最后还让我举一个体现自己学习能力强的例子。我在回答这个问题的时候并没有发挥好，还充分暴露了自己性格太过活跃、不够沉稳的特点。加上一开始的自我介绍就给人留下了"急性子"的第一印象，所以在面试结束时，我实际上给自己的面试表现做了一个负面的评价。

在回学校的地铁上，我进行了深刻的反思。第一，我的自我介绍语速太快，以后一定不能着急，要慢慢地说清楚。第二，对于自己简历里面的内容，虽然很了解、很清楚，但是没有办法用简洁、有逻辑的语言进行描述，这一点有待提高。第三，在和面试官交流的过程中，我意识到自己对未来的职业没有一个明确的规划。当被问及将来有什么打算的时候，我不知道该如何回答，所以耍了个"小聪明"，说暂时先不给未来设限。这样不是很好，要改正，要尽快思考清楚自己未来的方向。第四，对于自己要应聘的职位的了解并不深入。虽然风险控制咨询不是"四大"的主要业务线，但是既然向这个岗位投递了简历，就应该事先充分地了解，这样也会给面试官留下真诚和可靠的印象。第五，在面试过程中，对于想要表达的东西，应该在说出口之前有一个自己的逻辑和框架，然后要用得体、专业的语言和词汇阐述出来。我的那些碎片化的表达、跳跃的思维和不严谨不专业的用词，很可能会让面试官抓不住重点。

2."舌战群儒"——以辩论为考核方式的线上面试

在开始叙述第二段面试经历之前，我还想分享一些我内心的纠结与抉择。我第一次面试的岗位是 P 所的风险控制咨询，同时我还投递了 P 所的审计鉴证岗位。在第一次面试结束不久之后，我接到了 P 所人事部工作人员的电话，通知我已经通过了面试，询问是否愿意接受风险控制咨询岗位的录用意向书。收到这个消息使原本不抱希望、灰心丧气的我心里又燃起了小火苗。我开心极了，这不仅是对我的认可，更是对我莫大的鼓励。可随之而来的就是在风险控制咨询岗位和审计鉴证岗位之间的抉择。人事告诉我，如果现在接受了这个职位，那么系统里面审计鉴证岗位的投递流程将会终止。但在接到这个风险控制咨询岗位录用意向书通知电话的时候，我的审计鉴证岗位的投递没有任何消息。对于一个理智、功利一点儿的人来说，应该先抓住手上已经得到的机会，而不是为了未来一个不确定的结果抛弃现有的机会。但是这就意味着我必须放弃得到我所喜爱的审计岗位的机会。如果我放弃了现有的录用意向书，而审计鉴证岗位的面试又表现得很差劲或者甚至没有得到面试机会，那么我将"颗粒无收"。

我犹豫了很久，回忆了从小到大我所做过的所有决策，最终决定冒险一次，为了自己钟爱的审计事业"背水一战"，全力以赴。

第二次面试（P所的审计鉴证岗）是以线上远程会议的方式进行的，而且是我期盼已久的小组面试。这一次的面试官是一位稍微年长一些的女性合伙人，喜欢微笑，很像我们身边的老师。第一个环节是自我介绍和常规的破冰问题。我也不知道自己为什么头脑发热，选择了用英语进行这一部分的自我展示，中间还卡壳了好几次。说完我真想掐自己大腿。但是为了给后面的环节加油鼓气，我给了自己积极的心理暗示："没事，没问题，自我介绍不计入评分，后面要表现好一些"。

面试的第二个环节是分组进行辩论。之前我对辩论的形式有一定的了解，在面试之前也对辩论这一考核形式做了一些准备，比如把立论、结辩的三段式框架装进脑海里以及记录了非常多常用的反驳对方辩手的语句话术，还专门向本科阶段有辩论队经验的老师取经。

面试当天我们辩论的主题是：月光族是不是一种可取的生活方

式。我被分在了与主流价值观相悖的反方，即支持月光族。在和小组成员准备的过程中（在这部分，合伙人会对每一个人的表现进行观察），因为没有争取到第一个发言的机会，所以大部分论点都被第一位同学输出了，这时候我必须有自己独特的看法和见解——这不仅能让我被面试官看到，更重要的是能够带领我们小组在辩论时占据上风。所以我尽可能地反向思考，想想对方会如何攻击我们，我们又该如何化解。准备阶段结束之前，我们小组合力将观点集合给了一位有做"一辩辩手"经验的同学。在十分钟自由辩论阶段，我主要负责接住对方抛过来的质疑和追问。我的策略是不和对方在自己不擅长的领域纠缠，尽量把时间用在自己观点的输出上。但是，正是因为对辩论太过于投入，显得我在辩论过程中对对手表现得非常"凶狠"，也就是很多人提及的在面试过程中要避讳的性格特点——富于攻击性。但这也引起我的思考，我需要应对的面试考核方式是辩论，这需要清晰的逻辑，能够击倒对方的输出，再加上团队合作。如果不积极、勇敢一点站出来为自己的论点发声，我们就会被对方的论点攻击得落花流水。在面试大环境下的辩论比赛中，如果不积极站出来，就很有可能从头到尾插不上一句话。

从第二次的面试过程中，我总结出了两点。第一，小组群面一定要团结，和自己的组员要像一根绳上的蚂蚱，齐心协力地解决问题，或者带领团队解决问题。这一点是我认为自己做得比较好的。第二，强大的人都是温柔的，语言都是有力量的。只有脆弱、没有能力的人才会气急败坏。后者描述的就是在辩论场上的我。

可能是我的团队合作精神和辩论表现得到了面试官的认可，又或者是在后面回答问题时我叙述得有条理，在第二次面试结束两周之后，我顺利地收到了 P 所的录用意向书邮件。在那一刻，我心中的大石头终于落地了。我的"冒险"和抉择，在这一刻都有了回应。我想也正是这种"背水一战"、没有退路促使我在面试时全力以赴，最终拿到了梦想的、喜欢的录用意向书！

3. "放手一搏"的小组群面——策划一次年会活动

我的第三份面试邀约来自 B 所。虽然我已经拿到了 P 所的录用意向书，但是不同会计师事务所之间的风格存在着差异，我想去他们的办公地点亲自体验一下，也给自己增加一种选择。

对于这场面试，我给自己设置的目标就是全身心地投入、参与其中的环节，不用计较得失与成败。这样放手一搏的心态，反而使我轻松了不少。网上有很多关于 B 所实习面试的案例讲解，我特意没有提前学习和参考。我就是想要看一下在面对没有遇到过的案例的时候，我会如何处理以及表现。

B 所的面试分为两个环节：简短的自我介绍和策划一次公司年会的案例讨论。在讨论开始之前，我们自行对案例的内容进行阅读。案例的内容是全英文呈现的，我对于自己的英文阅读能力是有一定底气的，但即使是这样，也不能在有限的时间内掌握所有的细节和信息。这时我意识到了，我们需要团结，每一位组员都是拼图的一小块。

讨论一开始，我主动为大家总结了案例需要我们讨论出来的四个问题的结果，并给出了自己的一些初步设想，再点出了一些在策划活动时案例中给出的一些需要我们特别注意的点，随后我就把发言的位置交给了其他组员。我在讨论中承担的工作有：为组员梳理框架，补充重要信息，推进问题的讨论以及最后的讨论结果总结。同时，其他组员也在尽力推进项目的策划，有负责计算的，有负责计时的，有提出不同意见的。在那一刻，我以为自己真的在和同事们为了举办一次公司的年会而进行认真的策划。在讨论结束之前，我根据组员的讨论结果做了一个简短的总结。回忆起那十几分钟里面我的表现，我想正是不计较输赢心态，使我能够放轻松地调动起全身的细胞解决问题。

这次独特的面试经历也引发了我的思考，如果今后我的每一次面试都能够像有了录用意向书一样，能够充满底气、决心以及不畏输赢的勇气，是不是就能够在面试场上充分展现自己的能力和最真实的一面？这样放手一搏的积极的心理暗示会不会给我们带来很好的结果呢？

本章总结

在本书的最后，我想要总结一些对于面试的感悟，其中一部分来自我的同事、朋友、学生。

（1）**要珍惜有限的时间，不断积累和沉淀，要明白厚积薄发的道理**　面试的表现固然重要，但是能支撑自己长远走下去的还是自身的素质和能力。不要抱怨别人不给机会，要意识到，即使机会来临，但如果没有知识和经验的积累，也很有可能把握不住。其次，在学校里的时光是很短暂的，要珍惜时间多看一些书，多听一些课，多思考一些问题，机会总是留给有准备和积累的人的。

（2）**要学会等待**　在找工作的过程中，当周围同学和朋友的录用意向书纷至沓来，而自己的工作还没有着落时，就容易感到焦急、充满压力和不安。但不能因此乱了阵脚。在人生的赛道上，最大的竞争者有且只有自己，更应该听从内心的声音，而不是被外界过多地干涉自己的选择与判断。如果对于所有事情，都已经尽了自己最大的努力，收获只是时间的问题。即使最后的结果与自己的预期有所出入，甚至相差甚远，也不用意志消沉、灰心丧气。因为收获和果实并不一定都是以事俗意义上的成功的方式呈现的。

（3）要珍惜每一次面试的机会　　面试不仅是对个人与求职岗位匹配性的考核，更是一种在压力环境下，对沟通、语言表达、协调合作能力的展示平台。只有在面试之后及时对自己的表现进行复盘和反思，列出还需要不断进步的地方，以及要加以改正的缺点，才能更加游刃有余地在下一个机会来临时更好地展现自己。深刻的反思永远不会过度。

会计极速入职晋级

书号	定价	书名	作者	特点
66560	49	一看就懂的会计入门书	钟小灵	非常简单的会计入门书；丰富的实际应用举例，贴心提示注意事项，大量图解，通俗易懂，一看就会
44258	49	世界上最简单的会计书	（美）穆利斯 等	被读者誉为最真材实料的易懂又有用的会计入门书
71111	59	会计地图：一图掌控企业资金动态	（日）近藤哲朗 等	风靡日本的会计入门书，全面讲解企业的钱是怎么来的、是怎么花掉的，要想实现企业利润最大化，该如何利用会计常识开源和节流
59148	49	管理会计实践	郭永清	总结调查了近1000家企业问卷，教你构建全面管理会计图景，在实务中融会贯通地去应用和实践
70444	69	手把手教你编制高质量现金流量表：从入门到精通（第2版）	徐峥	模拟实务工作真实场景，说透现金流量表的编制原理与操作的基本思路
69271	59	真账实操学成本核算（第2版）	鲁爱民 等	作者是财务总监和会计专家；基本核算要点，手把手讲解；重点账务处理，举例综合演示
57492	49	房地产税收面对面（第3版）	朱光磊 等	作者是房地产从业者，结合自身工作经验和培训学员常遇问题写成，丰富案例
69322	59	中小企业税务与会计实务（第2版）	张海涛	厘清常见经济事项的会计和税务处理，对日常工作中容易遇到重点和难点财税事项，结合案例详细阐释
62827	49	降低税负：企业涉税风险防范与节税技巧实战	马昌尧	深度分析隐藏在企业中的涉税风险，详细介绍金三环境下如何合理节税。5大经营环节，97个常见经济事项，107个实操案例，带你活学活用税收法规和政策
42845	30	财务是个真实的谎言（珍藏版）	钟文庆	被读者誉为最生动易懂的财务书；作者是沃尔沃原财务总监
64673	79	全面预算管理：案例与实务指引（第2版）	龚巧莉	权威预算专家，精心总结多年工作经验/基本理论、实用案例、执行要点，一册讲清/大量现成的制度、图形、表单等工具，即改即用
61153	65	轻松合并财务报表：原理、过程与Excel实战	宋明月	87张大型实战图表，手把手教你用EXCEL做好合并报表工作；书中表格和合并报表的编制方法可直接用于工作实务！
70990	89	合并财务报表落地实操	蔺龙文	深入讲解合并原理、逻辑和实操要点；14个全景式实操案例
69178	169	财务报告与分析：一种国际化视角	丁远	从财务信息使用者角度解读财务与会计，强调创业者和创新的重要作用
69738	79	我在摩根的收益预测法：用Excel高效建模和预测业务利润	（日）熊野整	来自投资银行摩根士丹利的工作经验；详细的建模、预测及分析步骤；大量的经营模拟案例
64686	69	500强企业成本核算实务	范晓东	详细的成本核算逻辑和方法，全景展示先进500强企业的成本核算做法
60448	45	左手外贸右手英语	朱子斌	22年外贸老手，实录外贸成交秘诀，提示你陷阱和套路，告诉你方法和策略，大量范本和实例
70696	69	第一次做生意	丹牛	中小创业者的实战心经；赚到钱、活下去、管好人、走对路；实现从0到亿元营收跨越
70625	69	聪明人的个人成长	（美）史蒂夫·帕弗利纳	全球上亿用户一致践行的成长七原则，护航人生中每一个重要转变

财务知识轻松学

书号	定价	书名	作者	特点
71576	79	IPO 财务透视：注册制下的方法、重点和案例	叶金福	大华会计师事务所合伙人作品，基于辅导 IPO 公司的实务经验，针对 IPO 中最常咨询的财务主题，给出明确可操作的财务解决思路
58925	49	从报表看舞弊：财务报表分析与风险识别	叶金福	从财务舞弊和盈余管理的角度，融合工作实务中的体会、总结和思考，提供全新的报表分析思维和方法，黄世忠、夏草、梁春、苗润生、徐珊推荐阅读
62368	79	一本书看透股权架构	李利威	126 张股权结构图，9 种可套用架构模型；挖出 38 个节税的点，避开 95 个法律的坑；蚂蚁金服、小米、华谊兄弟等 30 个真实案例
70557	89	一本书看透股权节税	李利威	零基础 50 个案例搞定股权税收
62606	79	财务诡计（原书第 4 版）	（美）施利特 等	畅销 25 年，告诉你如何通过财务报告发现会计造假和欺诈
58202	35	上市公司财务报表解读：从入门到精通（第 3 版）	景小勇	以万科公司财报为例，详细介绍分析财报必须了解的各项基本财务知识
67215	89	财务报表分析与股票估值（第 2 版）	郭永清	源自上海国家会计学院内部讲义，估值方法经过资本市场验证
58302	49	财务报表解读：教你快速学会分析一家公司	续芹	26 家国内外上市公司财报分析案例，17 家相关竞争对手、同行业分析，遍及教育、房地产等 20 个行业；通俗易懂，有趣有用
67559	79	500 强企业财务分析实务（第 2 版）	李燕翔	作者将其在外企工作期间积攒下的财务分析方法倾囊而授，被业界称为最实用的管理会计书
67063	89	财务报表阅读与信贷分析实务（第 2 版）	崔宏	重点介绍商业银行授信风险管理工作中如何使用和分析财务信息
71348	79	财务报表分析：看透财务数字的逻辑与真相	谢士杰	立足报表间的关系和影响，系统描述财务分析思路以及虚假财报识别的技巧
58308	69	一本书看透信贷：信贷业务全流程深度剖析	何华平	作者长期从事信贷管理与风险模型开发，大量一手从业经验，结合法规、理论和实操融会贯通讲解
55845	68	内部审计工作法	谭丽丽 等	8 家知名企业内部审计部长联手分享，从思维到方法，一手经验，全面展现
62193	49	财务分析：挖掘数字背后的商业价值	吴坚	著名外企财务总监的工作日志和思考笔记；财务分析视角侧重于为管理决策提供支持；提供财务管理和分析决策工具
66825	69	利润的 12 个定律	史永翔	15 个行业冠军企业，亲身分享利润创造过程；带你重新理解客户、产品和销售方式
60011	79	一本书看透 IPO	沈春晖	全面解析 A 股上市的操作和流程；大量方法、步骤和案例
65858	79	投行十讲	沈春晖	20 年的投行老兵，带你透彻了解"投行是什么"和"怎么干投行"；权威讲解注册制、新证券法对投行的影响
68421	59	商学院学不到的 66 个财务真相	田茂永	萃取 100 多位财务总监经验
68080	79	中小企业融资：案例与实务指引	吴瑕	畅销 10 年，帮助了众多企业；有效融资的思路、方略和技巧；从实务层面，帮助中小企业解决融资难、融资贵问题
68640	79	规则：用规则的确定性应对结果的不确定性	龙波	华为 21 位前高管一手经验首次集中分享；从文化到组织，从流程到战略；让不确定变得可确定
69051	79	华为财经密码	杨爱国 等	揭示华为财经管理的核心思想和商业逻辑
68916	99	企业内部控制从懂到用	冯萌	完备的理论框架及丰富的现实案例，展示企业实操经验教训，提出切实解决方案
70094	129	李若山谈独立董事：对外懂事，对内独立	李若山	作者获评 2010 年度上市公司优秀独立董事；9 个案例深度复盘独董工作要领；既有怎样发挥独董价值的系统思考，还有独董如何自我保护的实践经验
70738	79	财务智慧：如何理解数字的真正含义（原书第 2 版）	（美）伯曼 等	畅销 15 年，经典名著；4 个维度，带你学会用财务术语交流，对财务数据提问，将财务信息用于工作